ナチスの財宝

篠田航一

講談社現代新書

2316

プロローグ

「この絵は本物です」

その奇妙な絵画取引は、一九九七年五月一三日、ドイツ北部ブレーメンで行われた。グリム童話『ブレーメンの音楽隊』で有名な町の旧市街にあるゼーゲ通り。カフェやブティックが建ち並び、買い物客でにぎわう繁華な通りの弁護士・公証人事務所に、一人の美術愛好家がやって来た。

その絵とは、第二次大戦中にソビエト連邦・レニングラード（現ロシア・サンクトペテルブルク）郊外の宮殿の部屋「琥珀の間」に飾られていた一枚のモザイク画だ。この絵はドイツ軍に略奪されて以降、長い間所在不明だったが、半世紀以上たち、「この絵を持っている。売却したい」と申し出た人物が現れたのだ。

「琥珀の間」は日本では聞き慣れない名前だが、ドイツではナチスのいわゆる「財宝伝説」に必ずと言っていいほど登場する。ドイツ語の琥珀（ベルンシュタイン）と部屋（ツィマー）を合わせ、ベルンシュタインツィマー（Bernsteinzimmer）と呼ばれる。日本で言えば

「徳川埋蔵金」に匹敵する知名度と言えば分かりやすいだろうか。文字通り、壁や天井が全て琥珀で覆われた部屋のことだ。

一八世紀にドイツで原型が作られ、ロシアに寄贈されたが、第二次大戦中にドイツ軍がソ連に侵攻して略奪した。ドイツ軍は壁面の琥珀をはがし、小分けしてドイツ領ケーニヒスベルク（現ロシア・カリーニングラード）の城に持ち帰った。だが終戦間際の一九四四年八月、英国の爆撃により城が破壊され、その後、「琥珀の間」も行方不明になった。

ここまでは多くの歴史資料に記載されている史実だが、その先が分からない。英国の爆撃から約八ヵ月後の一九四五年四月、ソ連軍がケーニヒスベルクに進軍した時は、既に「琥珀の間」は消えていた。空襲で燃えてしまったとの説が一応は公式見解だが、敵の侵攻を察知したドイツ軍が、攻撃を受ける前にあわてて城から運び出したという説も根強い。

行方不明になったのは、小分けされた壁面の琥珀だけではない。部屋に飾られていたモザイク画などの装飾品も姿を消した。だが一九九七年、その絵を所有しているという人物が突如として現れた。作品は大理石をはめ込んで作られた『嗅覚と触覚』（Geruchssinn und Tastsinn）という名だった。

絵の持ち主は匿名で、この絵を二五〇万ドルで売りたいと申し出てきた。この情報をキヤッチし、絵を買い取ろうと名乗り出たのが、美術愛好家のペーター・シュールタイスという人物だった。そしてこの日、シュールタイスは絵の所有者の代理人を務める弁護士と、ブレーメンの事務所で売買交渉をすることになっていた。

事務所に入ったのは、午前九時五五分。シュールタイスはすぐに用件に入る。

「今日はよろしくお願いします。ところで、私にはいま一つ分からないのですが、この絵を売りたいという人物は、一体誰なんですか」

「持ち主は、ミスターXとしか言えません」

応対は丁寧だが、あくまで依頼人の秘密を守る弁護士の意志は固い。シュールタイスは絵の持ち主、ミスターXについて興味津々だったが、弁護士は口を割らない。

本題に入った。

「では絵を見せて下さい。本物であれば、買おうと思います」

その言葉を聞くと、弁護士は応接間をいったん退出した。そして三分後に戻ってきた時は、別の部屋に保管していたとみられる一枚の絵を手にしていた。絵は二枚のカバーに覆われ、慎重に床に置かれた。カバーを外すと、縦五五センチ、横七〇センチの古びた絵が現れた。

シュールタイスは息をのんだ。小石がはめ込まれたモザイク画には、数人の女性の姿が描かれており、一人の女性が顔に手を触れる「触覚」と、別の女性が花の香りをかぐ「嗅覚」が優美に表現されていた。これが「琥珀の間」にあった真作なのか。

シューールタイスに同行していた鑑定人が絵を端から端まで調べ、こう話した。

「この絵は本物です」

その瞬間、シューールタイスは懐から手帳を取り出し、弁護士に示した。身分証明書だった。そして弁護士にこう言った。

「実は、私はポツダム警察のペーター・シューールタイスです。この絵を押収します」

その言葉とほぼ同時に、廊下に待機していた警察官が数人、事務所に入ってきた。弁護士は一瞬、何が起きたのか分からず、やがて顔面蒼白になったという。

代表的なナチスの略奪財宝「琥珀の間」の存在の一部が、戦後初めて明るみに出た瞬間だった。

ナチスの略奪美術品

「琥珀の間」を巡る数奇な物語はこの後も続くが、ここでいったん次の数字を見てもらいたい。

六〇万。

何の数字かお分かりだろうか。

これはナチス・ドイツが、政権を握っていた一九三三年から四五年の間に、主に欧州各地で略奪した絵画、彫刻、タペストリー、その他の美術品を総合した数だ。二〇〇〇年に米国の下院財政委員会（United States House Committee on Financial Services）が公表したもので、あまりに莫大な数のため、委員会も「正確な統計を出すのは不可能」と嘆いている。この数字には高価な家具類や書物、切手やコインは含まれない。

内訳は、ドイツ国内とオーストリアで略奪された美術品が二〇万点、西欧で一〇万点、東欧・旧ソ連で三〇万点。このうち、今なお行方が分からず、元の所有者に返還されていない作品数は一〇万点に上ると推測されている。

こうしたナチスの略奪美術品は、今も時々発見される。二〇一二年二月には、ドイツ南部ミュンヘンのアパートから、シャガールの未発表作品のほかピカソ、マチス、ルノワールら著名画家の絵画・版画が一四〇六点も見つかった。推計で時価一〇億ユーロ（約一三〇〇億円）相当。ドイツ捜査当局が脱税捜査の過程で、この部屋の所有者コーネリウス・グルリットを家宅捜索した際に偶然発見したものだ。グルリットの父親は、ナチス政権の宣伝相ゲッベルスと親しい画商で、ユダヤ人らから没収した絵画を多く取り扱っていた。息子のグルリットはこうした作品を戦後も保管し、時折数枚を売却しながら生活していたらしい。

生涯独身を通したグルリットは二〇一三年一一月、ドイツの有力週刊誌「シュピーゲル」に「私は人を愛したことがない。生涯で最も愛したのは絵画だ」と述べていた。グルリットは二〇一四年五月に八一歳で死去し、絵画の元の所有者の特定作業が続く一方で、グルリットの遺言によって作品はスイスのベルン美術館に寄贈される可能性も出てきている。

二〇一三年一一月に独誌「フォークス」がこの経緯を最初にスクープとして報じ、ドイツ中の話題となった。著名画家の作品という価値もさることながら、あるドイツの美術評論家が「とにかくその量に驚いた」と興奮していたのを思い出す。当時、毎日新聞のベルリン特派員としてドイツに駐在していた私も、この大発見に驚き、あわてて原稿を書いて東京に送った。

世界各地に残る埋蔵金や金塊などの財宝伝説は、たいていマユツバと相場が決まっている。だが、本当にそうなのか。実は、ただ見つかっていないだけではないのか。

未発見のナチス略奪美術品は一〇万点ある。ミュンヘンのアパートで見つかった大発見ですら、このうち一四〇〇点超に過ぎない。

ドイツ戦後史の裏舞台

二〇一一年四月、私は毎日新聞社の特派員としてベルリンに赴任した。その前月に起きた東京電力福島第一原発の事故を受け、ちょうどドイツ国内の世論が「脱原発」に沸き、メルケル政権が段階的な原発停止に向けて動き出した頃だった。また、ギリシャの信用不安に端を発した欧州共通通貨ユーロの危機も叫ばれ、欧州連合（ＥＵ）の盟主ドイツの対応は常に注目を浴びていた。着任以降、私はさっそくエネルギー問題やユーロ危機などの取材に忙殺された。

こうした日々の合間を縫って、私はナチス財宝伝説の取材をいわば「趣味」として始めた。幼い頃から宝探しのような冒険物語が好きだった私にとって、どちらかと言えば連日の「硬い」ニュースを追う仕事から解放され、トレジャー・ハンターのような「ちょっと怪しい」人々と会い、資料を集めるのは、実に楽しい息抜きのようなものだった。

ナチスを率いた独裁者、アドルフ・ヒトラー

最初は面白半分だった。だが関係者を

訪ね、入手した公文書を読み、ナチスという巨大犯罪者集団が残した伝説の数々を検証していくうちに、私はすっかりその魔力に引き込まれてしまうのを感じた。

旧東ドイツの秘密警察シュタージ（Stasi, Ministerium für Staatssicherheit）は、真剣に「宝探し」をしていた。その背後には、東独の「親分」だった旧ソ連の存在もある。公文書にはこうした事実が簡潔に記されていたが、装飾を取り去ったそんなお役所的な文章は、かえって寒々とした凄みを感じさせた。一方の旧西ドイツも宝を追っていた。連邦議会（Deutscher Bundestag）の議事録を紐解けば、その執念も行間から伝わってくる。

ナチスの残党の逃亡に関する多くの事実も浮かび上がってきた。悪名高き第三帝国（Drittes Reich）の中にあって、今なお悲劇の将軍としてドイツ人に愛されるロンメル元帥の周辺にも、財宝の話が付きまとう。そしてナチスが略奪に走った要因の一つであるヒトラーの芸術への傾倒は、独裁者が孤独な青春時代を過ごしたウィーンという町への「復讐」の側面も持ち合わせていた。

六〇〇万人のユダヤ人を始め、数多くの人命を奪ったナチスの所業の愚かさは、改めて紙面を割いて強調するまでもない。そして戦後、東西に引き裂かれた国土の東側、旧東ドイツに住んだ人々にとって、東独秘密警察による監視や弾圧がどれほど恐ろしかったかも想像に難くない。私は戦時中や東西冷戦期を生きた多くの人々に会い、ナチスがどこかに隠した可能性のある財宝について取材を重ねた。快くインタビューに応じてくれた人もいれば、頑なに取材を拒否する人もいた。自身が体験したおぞましい瞬間を思い出し、会話の途中に急に押し黙る人もいた。取材を受けることを一度は了承しながら、「気持ちの整理がつかない」「やはり話せない」と最終的に証言を拒んだ人もいた。財宝伝説を語ることは、当時を知る人々にとってナチスや東独の「亡霊」と対峙するような気持ちになることがよく分かった。

こうした取材で得た証言や資料を精査し、まとめたのがこの本だ。以下に記すのは、私がベルリン特派員時代に取材した実話だ。教科書や歴史書には出てこないドイツ戦後史の裏舞台。その面白さを存分に味わって頂ければと思う。

まず、冒頭で紹介した「琥珀の間」を巡る奇妙な物語から始めたい。

※取材の過程で年齢や生年月日を聞くことができた人については、取材当時の年齢を可能な限り記した。肩書きも原則として取材当時のものを用いた。また、敬称は省略させて頂いた。本文中に登場する金額の為替レートは便宜上、二〇一五年四月三日現在の一ユーロ＝約一三〇円、一ドル＝約一二〇円で計算している。

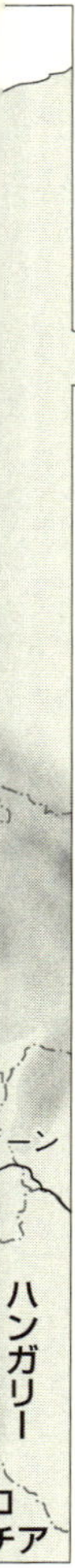
ィーン
ハンガリー
ロ
チア

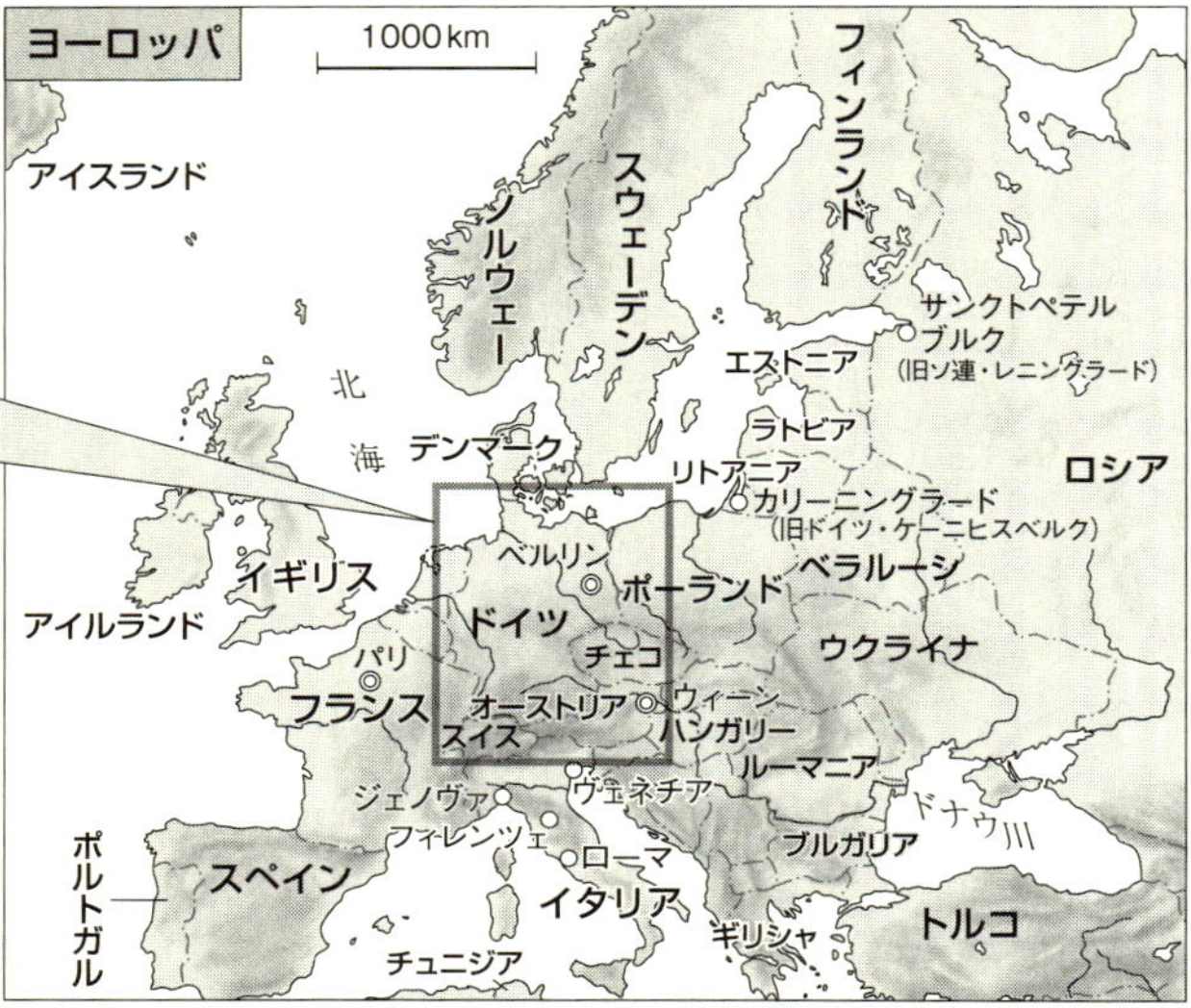
ヨーロッパ
1000 km
アイスランド
ノルウェー
スウェーデン
フィンランド
サンクトペテルブルク
(旧ソ連・レニングラード)
エストニア
ラトビア
北
海
デンマーク
リトアニア
ロシア
カリーニングラード
(旧ドイツ・ケーニヒスベルク)
ベルリン
イギリス
ポーランド
ベラルーシ
アイルランド
ドイツ
チェコ
ウクライナ
パリ
フランス
オーストリア
ウィーン
スイス
ハンガリー
ルーマニア
ジェノヴァ
ヴェネチア
ドナウ川
フィレンツェ
ローマ
ブルガリア
ポルトガル
スペイン
イタリア
トルコ
ギリシャ
チュニジア

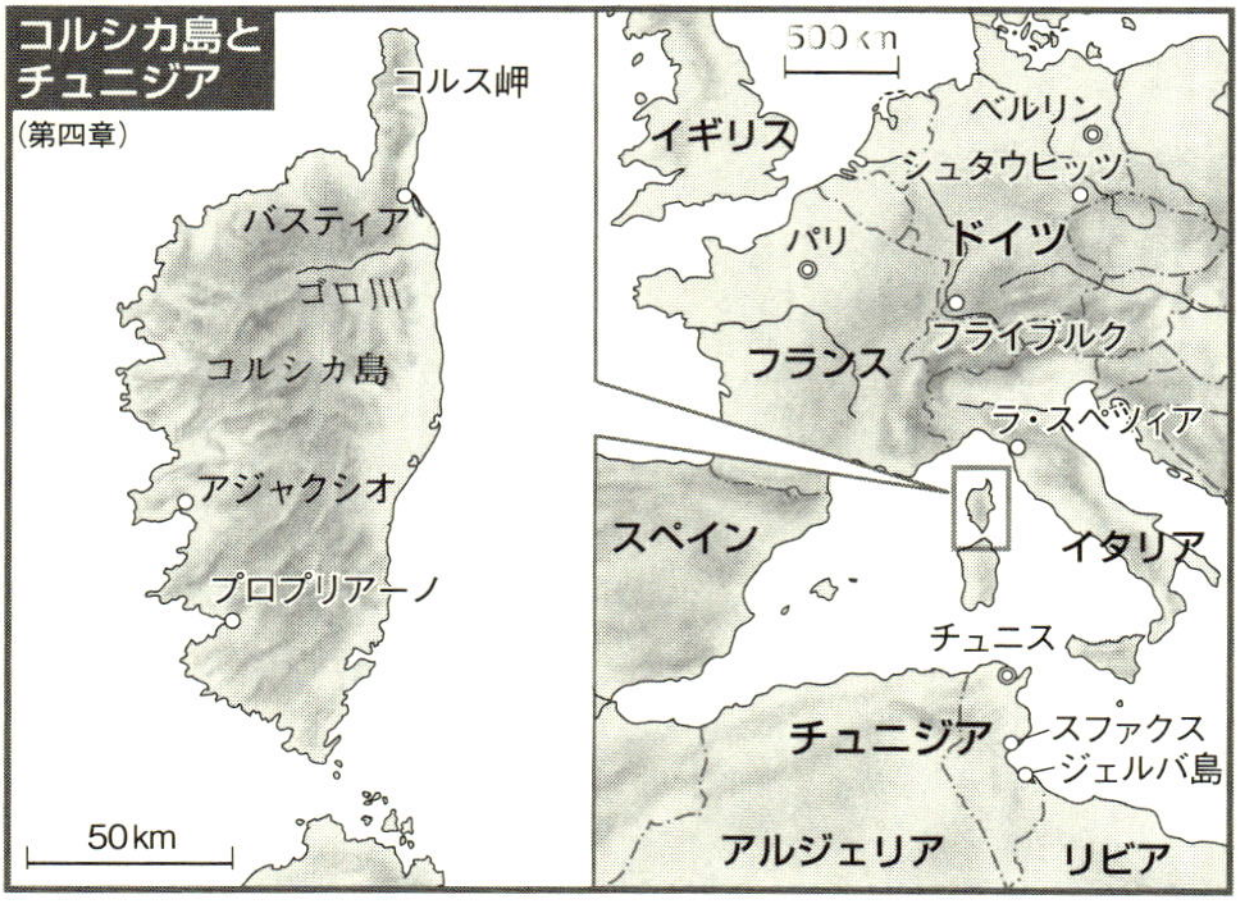
コルシカ島とチュニジア
(第四章)
コルス岬
バスティア
ゴロ川
コルシカ島
アジャクシオ
プロプリアーノ
50 km
500 km
イギリス
ベルリン
シュタウヒェッツ
パリ
ドイツ
フライブルク
フランス
ラ・スペツィア
スペイン
イタリア
チュニス
チュニジア
スファクス
ジェルバ島
アルジェリア
リビア

ドイツ
100 km
デンマーク
バルト
ハンブルク
エルベ川
オランダ
ブレーメン
ニーダーザクセン州
シュトルプ湖
グランゼー（第三章）
ハノーバー
ポツダム
ベルリン
ブランデンブルク州
デュッセルドルフ
ザクセン州
ケルン
ドイチュノイドルフ（第一章
ワイマール
ボン
テューリンゲン州
ドレスデン
ベルギー
フランクフルト・アム・マイン
エルツ山脈
ルクセンブルク
ヨナス谷（第二章）
プラハ
ドイツ
ニュルンベルク
チェコ
バイエルン州
ストラスブール
フランス
パッサウ
リンツ
ドナウ
フライブルク
ミュンヘン
フシュル湖
ザルツブルク
トプリッツ湖（第五
スイス
ザルツカンマーグート地
アルトアウスゼー（第五章）
オーストリア
メラーノ（第三章）
南ティロル地方
スロベニア
イタリア

目次

第一章　「琥珀の間」を追え

捜査線上に浮かんだ絵

二〇一四年七月一日、ドイツ東部のポツダム中央駅で、私はポツダム警察の元首席捜査官、ペーター・シューールタイスと待ち合わせた。首都ベルリンから電車で三〇分。第二次大戦後、米英ソ三ヵ国首脳が戦後処理について協議した「ポツダム会談」で知られる町だ。

ちょうどサッカーのワールドカップ（W杯）ブラジル大会が開催されていた時期で、駅に降り立った乗客の中にはドイツ代表チームの白いユニフォームを身に着けた若者も多かった。ドイツが二四年ぶりの優勝を果たすのはこの約二週間後だが、決勝トーナメントに進んだドイツは既にこの時点で優勝候補の一角に数えられていた。ドイツ最大の発行部数（約三〇〇万部）を誇る大衆紙「ビルト」にはこの日、「シューールレ！」という巨大な見出しが躍っていた。前日のアルジェリア戦で延長前半にシュートを決めたFWシューールレ選手の写真を一面で扱い、二対一で勝利した興奮を大々的に伝えている。ポツダム中央駅の入り口にも、日本など参加各国のカラフルな国旗が吊り下げられていた。

シューールタイスは、ホームの階段を上がった通路で私を出迎えてくれた。緑のポロシャツ姿というラフな格好で、大きな鷲鼻が印象的なにこやかな老人だ。既に警察官を引退し、七一歳。この日、私は「琥珀の間」のモザイク画を捜査した当時の話を聞くことになっていた。彼は駅のアーケードにあるカフェに私を案内し、チョコレートケーキを注文すると、当時の様子を語り始めた。

「実は当初、私が捜査していたのは『琥珀の間』のモザイク画ではありませんでした。別の盗難絵画を追っている最中に、偶然にもあの絵が捜査線上に浮かんできたんですよ。そう、あれは全くの偶然だったんです」

一九九六年一二月七日午前二時ごろ、ポツダムのシャルロッテンホーフ宮殿に何者かが侵入し、ドイツ・ロマン主義の画家フリードリヒの絵画『港の眺望』(Ansicht eines Hafens)を盗み出した。当時の価値で五〇〇万マルク(当時のレートで約三億五〇〇〇万円)と推計された一枚だ。

シュールタイスは当時、ポツダム警察の首席捜査官を務め、刑事・公安部門の捜査を統轄していた。高価な絵画の盗難があれば、すぐに欧州中に手配をかける国際捜査となる。ドイツ統一後、警察官も東西の出身者が入り混じりつつあったが、まだ統一からこの時点で六年しか経過しておらず、社会主義国家だった東独出身の同僚刑事たちは、一様に国際捜査に疎かった。このため、西独出身で国際手配に慣れていたシュールタイスが全面的に事件を指揮したという。

「私はすぐに、多くの画商やオークション主催者に通達を出しました。国際競売会社の英サザビーズなどにも、フリードリヒの絵を売りたいという人物が現れた場合、すぐに連絡するよう伝えたのです」

やがて、フリードリヒの絵ではないが、別の絵画に関する情報が入ってきた。それが「琥珀の間」のモザイク画で、この絵を売りたいという人物がいるという。

最初にこの話を聞いた時、まず「贋作だろう」と思ったという。「琥珀の間」の話は聞いたことはあるが、あれは確かケーニヒスベルクの空襲で燃えてしまったはずだ。そう思い、とりあえず情報を「保留」にしたまま、まずは眼前のフリードリヒ作品の捜査を優先させたという。

やがて捜査は成功し、無事にフリードリヒの絵は戻ってきた。そして、改めて「琥珀の間」のモザイク画の捜査に着手することにした。贋作だとは思うものの、仮に本物だった場合、半世紀ぶりに「琥珀の間」の一部が姿を現すことになる。半信半疑ながら、無視するわけにはいかない情報だった。

まさかの「実物」

シュールタイスは一般の美術愛好家を装い、この絵の持ち主と接触を続けた。だが一つの問題が生じた。それは、仮に偽装購入する場合でも、持ち主に対して事前に提示する二五〇〇万ドルという大金をどうやって工面するかという問題だった。一九九七年当時の一米ドルは一二〇円前後で、約三億円になる。ポツダム警察は旧東独のブランデンブルク州の管轄だが、統一からまだ間もない時期で、一枚の絵画捜査のためにそこまで予算を支出する余裕がなかった。結局、シュールタイスはドイツ随一の有力週刊誌「シュピーゲル」の編集部と相談し、当座のカネを工面してもらったという。

だが、それが果たして本物の絵という確信はあったのか。

「持ち主は最初、絵が本物の証拠として、私に木枠の一部を送り付けてきました。木の年代を調べれば、それが決して最近のものではなく、古い年代の本物だということを分かってもらえるというのです」

木枠はイタリア・フィレンツェの工房で数百年前に製作されたものだと分かった。確かに贋作なら、これほど古い木枠を簡単には用意できない。

「さらに持ち主はもう一つ、重要な証拠を送ってきました。それがコロフォニウムでした」

コロフォニウムとは、モザイクの石を貼り付ける接着剤の役割を果たす物質だ。だが成分鑑定でははっきりした年代が特定できなかったため、シュールタイスはモザイク画の

「石」自体を一つ送ってほしいと頼んでみた。

ここで持ち主は初めて拒否した。絵を特徴づけるモザイクの石をたとえ小さな一片でも削ってしまえば、それは美術品としての価値を損なうことになる。持ち主はそう言って、石を送ることだけは拒んだ。

「それが、本物と確信した瞬間でした。仮に偽物なら、たった一つの石のかけらを送ることにそれほど気を遣わないでしょう。でも持ち主は、モザイク画の重要部分である石を送ることだけは頑なに拒否したのです。これは本気だ。間違いない。私は初めてそう確信しました」

刑事の勘として「真作との心証」を得たシュールタイスは、持ち主が雇った弁護士と接触した。そして購入の意思を伝え、取引の日付を決め、指定されたブレーメンの事務所に乗り込んだ。

真作なら、正当な持ち主への返還が検討される。贋作なら、偽物を売り付けようとした詐欺未遂容疑などに該当する。どちらにせよ、戦後ドイツの絵画捜査史上、重要な案件になる。

当日、ブレーメンには二〇人以上の警察官が同行し、弁護士事務所近くのカフェなどに張り込んだ。こうして無事に押収できた絵画は、その後、度重なる鑑定でも「真作」と認定された。
ポツダム警察の捜査によると、モザイク画の持ち主は、絵を父親から譲り受けていたという。父親はかつて東部戦線に従軍した際、略奪した「琥珀の間」をケーニヒスベルクに運ぶ部隊にいたらしい。途中、この小さな絵だけをこっそり盗み、ドイツに持ち帰っていた。戦後、ブレーメン近郊に住む息子が処分に困り、売りに出したというのが真相だった。

だが既にこの父親は死亡し、盗みの容疑なども時効だった。まさかの「実物」だったため、偽物を売り付ける詐欺容疑などにも当たらず、捜査はこれ以上進展しなかった。モザイク画の持ち主は返還を求めて提訴したが、裁判中に死亡してしまう。結局、二〇〇〇年にこの『嗅覚と触覚』はロシアに返還された。二〇〇三年にサンクトペテルブルク郊外のエカチェリーナ宮殿で「琥珀の間」が復元されると、モザイク画もそこに飾られた。

この頃、ある憶測が飛び交った。このモザイク画以外の「本体」、つまり「琥珀の間」も、まだどこかにあるのではないか。

「私には分かりません。『琥珀の間』がもしこの世にないとしたら、あのモザイク画が唯一、残された部分となるでしょう」

シュールタイスはそう話す。

ナチスの財宝伝説は時に、ひょんなことから現代にその姿を現す。代表例がこの「琥珀の間」だが、それは一体どのようなものなのか。

消えた「琥珀の間」

「琥珀の間」の所在については戦後、多くの研究者がその痕跡を追い求めてきた。ドイツの有力週刊誌「シュピーゲル」は二〇〇〇年一一月に「琥珀の間」を特集し、取材・執筆に当たった記者エーリヒ・ヴィーデマンは以下のように記した。

「『琥珀の間』は数十年の間、研究者や冒険家、考古学愛好家を夢中にさせてきた。だがそれは危険な情熱でもある。多くの人々が、そのために命を落としてきた」

謎解きが困難な理由については、「どんな些細なこと、そして自らの恐ろしい悪行までも詳細に書き残したナチス官僚が、『琥珀の間』についてはほとんど記述を避けてきた」点を挙げている。

実際、「琥珀の間」があると推定される候補地は多岐にわたる。ドイツのメディアによると、現在の価値で三億ユーロ（約三九〇億円）に上るとも言われている。

「琥珀の間」はもともとドイツ人が作り始めた一大工芸品だ。一七〇一年に即位したプロイセン（ドイツ）王フリードリヒ一世が、部屋を琥珀で埋め尽くそうという壮大な構想を立てたことから全てが始まった。彼が即位したのは、当時のプロイセン領ケーニヒスベルク、現在のロシア領カリーニングラードだった。地図で見ると分かるが、ここは現在のロシアの「飛び地」となっている。広大なロシア本土から切り離される形で、リトアニアとポーランドに挟まれているのがこのカリーニングラード地方だ。この町はその後、「琥珀の間」の物語の重要な舞台になっていく。

2003年に復元された「琥珀の間」（ロシア・エカチェリーナ宮殿）写真：アフロ

琥珀は、木の樹脂が長い間地中に沈み、固形化した化石だ。光沢があり、半透明や黄金色の色彩が美しく、アクセサリーにもよく使われる。艶やかで、あまりに滑らかそうな形を見ていると、私はいつも甘いハチミツを思い出し、ふと食べられそうな錯覚に陥ってしまう。

琥珀の産地は世界中に広がるが、特に代表的なのはバルト三国、デンマーク、ポーランドなどのバルト海沿岸で、この地域だけで世界の約八割を産出するという。日本では岩手県久慈市が有名な産地だ。

欧州では古くから、貴族階級が宝飾品として琥珀を珍重してきた歴史がある。一八～一九世紀のプロイセン王国はまさに琥珀の産地をそのまま領土としており、特にダンツィヒ(現ポーランド・グダンスク)は琥珀職人たちの都だったという。実際、今も欧州北部のみやげ物店では琥珀のアクセサリーが頻繁に売られており、かなり身近な装飾品だ。

映画好きの人なら、スティーブン・スピルバーグ監督の『ジュラシック・パーク』(一九九三年公開)を思い出すかもしれない。映画では、古代に恐竜の血を吸った蚊が琥珀の中に閉じ込められ、そのまま化石となる。その蚊が吸った血からＤＮＡを取り出し、恐竜を再生させるというストーリーだ。

結局、フリードリヒ一世は完成を見ずに死去したが、その後も琥珀の断片はベルリンのシャルロッテンブルク宮殿で製作が続けられた。

一七一六年、ロシアのピョートル大帝がベルリンを訪れたことで、歴史が動く。当時、東欧の新興国家だったロシアのリーダーは、強国化にひた走る西欧先進国プロイセンが国力を挙げて取り組む「琥珀の部屋プロジェクト」に度肝を抜かれた。好奇心旺盛なピョートル大帝は熱烈に「琥珀の間」を欲しがり、こうしてロシアに寄贈されることが決まった。

ロシア・サンクトペテルブルク郊外の宮殿に渡った「琥珀の間」が最終的に完成したの

は、一七七〇年だった。完成を心待ちにしていたピョートル大帝も既に世を去り、当時は女帝エカチェリーナ二世の治世だった。総面積約一〇〇平方メートル。壁面から天井まで琥珀で覆われた絢爛《けんらん》な部屋を、女帝はことのほか愛したという。完成まで、実に七〇年近い歳月がかかったことになる。

再び歴史の表舞台に登場するのは二〇世紀だ。一九四一年六月、独ソ不可侵条約を破ったドイツが電撃的にソ連に侵攻し、九月にはレニングラード（現サンクトペテルブルク）郊外ツァールスコエ・セローのエカチェリーナ宮殿に保存されていた「琥珀の間」を略奪した。ナチスの独裁者アドルフ・ヒトラーがもともと画家志望だった話は有名だが、ナチス幹部には国家元帥ゲーリングら美術マニアも多く、ドイツは侵略先の各地で芸術的価値の高い絵画や彫刻の収集に血眼になった。

琥珀の断片は慎重に解体された。一九四一年一〇月、歴史学者のペンスゲン博士ら七人が小分けした断片を多くの箱に詰め、運搬を始めた。まず鉄道でラトビアのリガに行き、その後、船でドイツ領ケーニヒスベルクまで運んだ。「琥珀の間」を作り始めたフリードリヒ一世がプロイセン王として即位した運命的なドイツの町に、こうして財宝は舞い戻ってきた。

だが戦局は、徐々にドイツの劣勢に傾いていく。一九四四年八月、ついに英国の空襲により、「琥珀の間」が保管されていたケーニヒスベルク城も破壊された。翌四五年四月、ソ連軍はついに市街からドイツ軍を追い出した。城に進撃したソ連の兵士は真っ先に「琥珀の間」を探した。だが、それは姿を消していた。

燃えたのか、持ち去られたのか

ここまでが、いわゆる「史実」の部分だ。財宝は一九四四年八月の爆撃で焼失したのか。それとも四五年四月までの間に、どこかに持ち去られたのか。それが今なお分からない。

戦後、ソ連はすぐに「琥珀の間」の保管責任者だったケーニヒスベルクの博物館長アルフレート・ローデ博士の尋問を始め、所在について問い詰めた。だがローデ館長の答えは、

「空襲で燃えてしまった」

の一点張りだった。

実際、この見解を補強する証言もある。ローデ館長の娘ロッティの女友達だったエリザベート・アムは爆撃直後、城の中庭で偶然、館長と会い、

「『琥珀の間』は無事ですか?」

と尋ねた。するとローデ館長は、

「すべてなくなったよ」

と答えた。後にアムはテレビなどでそう証言している。ローデ館長はその時、中庭の地下室にアムを連れて行き、そこで「焼けて炭化した木枠と、ハチミツのような塊」を見せたという。

だがアムの証言内容には異論も根強い。もしハチミツのようなどろっとした塊が本物の「琥珀の間」だとすれば、それは相当の量だったはずなのに、他に目撃者が誰もいないことを疑問点に挙げる人もいる。

元東ドイツ軍将校で、「琥珀の間」を長年研究し続けたディートマール・B・ライマンは著書『「琥珀の間」の陰謀　神話の正体』"Bernsteinzimmer Komplott, Die Entfarnung eines Mythos"の中で、そもそも琥珀は燃えやすいため、木枠が炭化するほどの熱さなら、琥珀は溶ける段階を通り越して、既に燃えてしまっていたに違いないと指摘している。確かに琥珀は樹脂が固まったものなので、低温でも燃焼してしまう。中世ドイツでは「燃える石」と呼ばれており、そもそもドイツ語の琥珀（ベルンシュタイン／Bernstein）の語源も、ブレネン（brennen／燃える）とシュタイン（Stein／石）が組み合わさってできたものだと言われている。このため、炭化した木材と溶けた琥珀が同時に見つかったというアムの証言は

「物理学的にも信じがたい」(シュピーゲル誌)との見方が根強い。

ライマンの著書などによれば、ローデ館長は空襲前の一九四四年、ドイツ東部ザクセン州やテューリンゲン州を訪れ、「琥珀の間」の疎開先に適した場所をひそかに探していた。ドイツの敗色が濃くなる中、館長は芸術品を安全な場所に避難させていた可能性がある。

また、当時の城の管理官だったフリードリヒ・ヘンケンジーフケンが記していた日記にも、「琥珀の間」は空襲前に解体され、地下室に運ばれたとの記述があるという。ローデ館長は空襲後、城の中庭で、

「『琥珀の間』は無事だ」

と彼に伝えており、焼失を否定している。

ドイツが劣勢との戦局を肌で感じていたローデ館長は、早々に手を打ったのかもしれない。

だが真相を知るはずのローデ館長は、終戦直後の一九四五年一二月に病死している。尋問が続いていた最中の突然の死だった。「琥珀の間」のありかについて、最もよく知っているはずの人物の訃報は、様々な憶測を呼んだ。ソ連側もドイツ側も、互いに「何かを隠している」と疑心暗鬼になったという。その死因は今も明確にされておらず、遺体が発見

されていないとの説もある。

そして数週間後、後を追うように急に館長の妻も病死している。一九八四年一一月の週刊新聞「ツァイト」によると、二人の死因は発疹チフスだったというが、真相は不明だ。

大量の琥珀入りの木箱

「琥珀の間」の探索を続ける人の中には、国会議員まで務めた政治家もいる。

「昔はそんなものに興味もありませんでした。でもあの電話を受けてから、全てが変わりました」

「宝は、必ず見つかる」。連邦議会（下院）議員を続けるかたわら、旧東独の地元の村で宝探しを続けてきたハウシュタイン＝2012年4月、著者撮影

二〇一二年四月、私はベルリンの目抜き通りウンター・デン・リンデンにある連邦議会議員会館の一室で、当時メルケル政権の連立与党の一角を占めていた自由民主党（FDP, Freie Demokratische Partei）所属の連邦議会（下院）議員、ハインツ＝ペーター・ハウシュタイン（五七歳）と向かい合っていた。

大柄で、短く刈り込んだ頭髪、赤と水色のストライプのネクタイ姿。肉厚の手でにこやかに握手を済ませると、議員はさっと真剣な表情に変わって、椅子にかけるよう私に促した。そして張りのある声で、自らが宝探しを始めたいきさつを切り出した。すぐにでも話したくてたまらない。そんな印象だ。

まず口にしたのは、一本の電話の話だった。

議員の地元は、旧東ドイツ・ザクセン州のドイチュノイドルフ。チェコとの国境に位置する人口わずか一一〇〇人の村だ。彼はこの村の村長だった時期も長く、地元では会社を経営する資産家でもある。その電話は、彼が村長になった直後の一九九五年一月にかかってきたという。

「電話は、私が懇意にしていた村民からでした。ほぼ臨終間際という入院中の病床から、最後に私にどうしても伝えておきたいことがある。そう言ってかけてきたのです」

ハウシュタイン議員はこの電話の当日、スイス企業との商談があり、出張でベルリンにいた。取引相手と打ち合わせの最中、会議室に秘書の女性が入室し、「緊急の電話」が入っていることを告げた。電話口に出ると、村の友人ハインツからだった。既に危篤で、村から約一〇キロ離れたオルバーンハウの町の病院からかけてきた。

「村長、最後に伝えたかったことがある。終戦間際にな、村の鉱山に大量の琥珀を積んだ木箱が運び込まれたんだ」

何を言っているのか最初はピンと来なかったが、話は理路整然としていて、嘘をついているようには思えない。話を総合すると、ハインツは第二次大戦に従軍した一九四三年に負傷後、地元ドイチュノイドルフに戻ってきた。ここで二人の兵士と共に、「東」から運ばれてきた琥珀が詰まった木箱を村で受け取る作業に従事したという。木箱がその後、どこに運ばれたかは知らない。だが大量の琥珀入りの木箱が、少なくともこのドイチュノイドルフ村までは「到着した」ことを確かに見届けたという。

人口約1100人ののどかなドイチュノイドルフ村。住民の間にも「琥珀の間」伝説は知られている＝2012年5月、著者撮影

これこそ、あの有名な「琥珀の間」ではないか。ハウシュタイン議員は一瞬そう思ったが、すぐに思い直した。

「この友人ハインツは非常に信頼できる人物でした。でも、琥珀がどこから来たのか、どうやって運ばれたのか、詳細な経緯がよく分からない。さらに臨終間際の会話ですから、こちらから執拗に問い詰めるわけにもいかず、細部は不明のままでした。ですから、さすがにすぐに本気にするわけにはいきませんでした」

だが友人の「遺言」を信じるなら、その搬出先がドイチュノイドルフだった可能性が出てくる。突拍子のない話でも、ずっと気になっていたという。

「その後、実はこっそり調べ始めたんですよ。村一帯は昔から鉱山に囲まれていますが、私は国境をはさんだチェコ側の鉱山を調べました。ドイツ側の鉱山は既に一九世紀に閉山していましたから」

議員の地元ドイチュノイドルフは、ドイツ東部からチェコ北部にかけて広がるエルツ山脈のふもとにある。エルツ（Erz）とは「鉱石」の意味で、中世以降は文字通り、この地域一帯は銀や錫などの採掘で栄えた。作業用の坑道があちこちにボコボコと開いている山並みは、「スイスチーズのように穴だらけ」と形容される。

ドイツ側にも鉱山はあったが、既に一九世紀に閉鎖され、戦時中は自然の崩落に任せていた。だが国境をはさんだチェコ側の鉱山は第二次大戦の前まで稼働していたため、戦時中に何かを隠そうとしたのなら、チェコ側の方が入り口も残っており、運び込みやすいだろうと推測した。

チェコ側の鉱山跡に足を運び、簡単な調査はした。だがそれくらいでは当然、何も手掛かりは見つからない。

謎の電話と廃鉱

三年がたち、親しかった友人ハインツの「遺言」も忘れかけていた一九九八年五月、今度は一本の匿名電話が村役場にかかってきた。声の主は若くない。そして、自分はかつてナチス親衛隊（SS, Schutzstaffel）に属していた人物だと告げた上で、こう続けた。

「よく聞くんだ。私は当時、現場にいた者だ。ラフーゼン大佐の部隊にいた。チェコ側ではなく、ドイツ側を探すんだ」

聞き返そうと思ったが、電話は切れた。ひそかに自分がチェコ側の廃鉱を調べていたことを、この電話の主は知っている。ハウシュタイン議員は無性に怖くなったという。

調べてみると、ラフーゼン大佐という人物は確かに実在し、終戦間際にはドイチュノイドルフ付近にいたことが分かった。

そしてこの不審な電話から約一ヵ月後の九八年六月、事態は急展開する。

既に一九世紀に閉鎖されたドイツ側の「フォルトゥナ鉱」から偶然、ポッカリと入り口が見つかったのだ。東独時代、廃鉱の真上にはランプ工場が建てられていたが、一九九〇年の東西ドイツ統一後、工場は破綻する。その建物の取り壊しの過程で、坑道の入り口が突然、顔を出したのだ。

ハウシュタイン議員は歓喜した。友人の証言と謎の電話。二つの話を素直に信じれば、このドイツ側のフォルトゥナ鉱から「琥珀の間」が出てきてもおかしくない。

議員は数千万円の資金を投じ、坑道の探索を始めた。

「鉱山は結構広くて、七キロメートルの坑道があり、それが数層に重なっています。探索には通常の探鉱ボーリング機のほか、隠れた空洞を見つけ出すための超音波探知機やレーダーも使いました。財宝を隠すとしたら、必ず『隠し部屋』があるはずですからね。調査を終えたのはまだ一部ですが、発掘資金はどうにか続いています。金銭的支援をしてくれる米国の雑誌社もあります」

政治家の宝探しは、ドイツ中の関心をさらった。だが急にメディアに露出し始めたことで、困った事態も起きた。

「ドイツで宝探しを始めるとね、時々、脅迫電話や脅迫状をもらうんですよ。『宝探しをやめないと、お前の子供たちに何があるか分からないぞ』なんていう手紙をね。私をライバルだと思って、邪魔をしたい人たちが今もこの国には無数にいるんです。でも脅してくる人物の手紙をよく読むと、シュピナー（頭のおかしい人物）ではないことが分かります。結構、文法的に正確で、手書きの非常に美しいドイツ語を使って書いてきたりするんです。意外なほど教養のある人たちが宝探しをしているんですね。大抵は無視しますが、一度、『お前は暗殺リストに載っている』と殺害をほのめかす手紙が来た時は、さすがに警察に連絡し、護衛を付けてもらった時期もありました」

一〇歳の頃からトロンボーンを吹き、今も教会などでその腕前を披露するという趣味人のハウシュタイン議員は、ドイツの多くの政治家の例に漏れず「大のサッカー好き」も公言する。さらに地元で企業を経営する資産家。「日本人を尊敬する」などのリップサービスも忘れない。いわゆる「地方の名士」といったタイプで、陽気で人懐こい半面、万事に抜け目ない印象も受けた。だからなのか、宝探しについても「観光用の宣伝だ」「村おこしに利用している」との批判が絶えないのも事実だ。だが本人は、そんなことを気に留める様子はない。

「ケーニヒスベルク博物館のローデ館長は、一九四四年にこの地方に来ています。そして隠し場所に適した鉱山を探した。間違いないと思っています」

議員はそう断言する。

「問題は、宝があるかどうかではないんです。いつ見つかるか。それだけですよ。私はこの手で、歴史をほんの少し書き換えてみたいだけ。出るまで探しますよ」

「何か」が運び込まれた

ハウシュタイン議員の地元ドイチュノイドルフ村は、首都ベルリンから鉄道やバスを乗

ドイチュノイドルフ村を流れる幅２メートル弱の小川が「国境」。右側がドイツ、左側がチェコだ＝2012年5月、著者撮影

り継いで約五時間。一本しかない主要道路沿いに民家が建ち並び、民家の裏手の林を小川が流れる。私が訪れたのは二〇一二年五月のよく晴れた日で、新緑の林をさらさらと流れる水の音が心地よかった。幅二メートルもないこの川が国境だ。

欧州では、出入国時のパスポート審査を廃止する「シェンゲン協定」加盟国の拡大に伴い、今はドイツ側とチェコ側を往来する際、検問は一切ない。この川にかかるわずか三メートルほどの橋のたもとに、チェコ国旗と欧州連合（ＥＵ）の旗がはためいており、一応、国境という事実を示しているという程度だ。

廃鉱の外観は、山小屋のような三角屋根のログハウスだ。廃鉱は今、見学可能な観光センターに改装され、中の坑道を歩くことができる。職員の案内で食堂の奥の階段を降りると、そこには高さ約二メートル、幅七〇センチほどの坑道の入り口があり、金属の扉が設置されていた。

落盤事故など不測の事態に備え、坑道の見学はヘルメット着用が義務となっている。地下水がポタポタと天井から落ちることもあり、用意されていた雨合羽も身に着ける。幅は大人が一人歩ける程度で、すれ違うのはやや難しい。ごつごつとした石に足を取られないよう、地面には板が敷かれている。だが地下水が勢いよく流れている場所もあり、気付けば履いてきた運動靴も濡れてしまった。

岩盤は鉱石らしい赤茶けた色だ。外気はぽかぽかとした五月の陽気だが、坑道を進むうちに、ひんやりと肌寒くなってきた。岩盤に置かれたランプやロウソクの明かりを頼りに進むが、微妙に光が届かず、暗闇に包まれる場所もある。

ドイチュノイドルフの村に残る廃坑。終戦間際、ここにナチスの財宝の一つ「琥珀の間」が運び込まれたとの伝説がある＝2012年5月、著者撮影

坑道に置かれた重機やスコップの金属臭が鼻をつく。

岩盤のくぼみには消火器や警報機も置かれ、ここが遊び程度で踏み込めない場所なのがよく分かる。行き止まりの場所は土砂の塊で、おそらく爆破した跡なのだろう。そのすぐ脇には必ず分かれ道があり、意外なほど複雑な迷路になっている。

かつて何者かが坑道で作業をした「物証」とみられる導火線ケーブル、さびた銃など＝2012年5月、著者撮影

「全長七～八キロの坑道は今、掘削を中断していますが、地下にも数層の坑道があり、まだ全てを調べ終えていません」

施設職員がそう説明する。

坑道を出た食堂の一角に、ガラス棚があった。さび切って黄土色に変色したライフル銃やピストル、ガスマスク入れの容器、導火線ケーブル、水筒、サーベルが並んでいる。職員に聞くと、これらは皆、坑道の掘削過程で見つかったもので、かつて兵士が坑道に入った物証だという。導火線は、坑道の爆破に使われたものらしい。

ハウシュタイン議員の説明や、廃鉱から見つかった武器の存在を考えれば、確かにここに運び込まれた可能性もあるように思えてくる。宝探しという酔狂な話である以上、素直に信じることは難しい。だが「琥珀の間」かどうかは別にして、「何か」がこの村に運び込まれたこと自体は信じていい気がする。

その根拠は、貨物列車だ。村にはかつて貨物運搬用の線路が通っており、終戦直前の一九四五年四月に大量の荷物を積んだ列車が村に到着したという。不思議なのは当時の状況だ。列車が来た際、鉱山近くに住む村民は兵士から「外出は禁止。全員、窓を閉めて外を見るな」と厳命されたという。

村を歩くと、この話を覚えているお年寄りに会うことができた。国境の小川のほとりに住む女性、ブルンヒルデ・ホフマン（七五歳）が振り返る。

「私は当時八歳くらいでしたが、窓を固く閉め、家で静かにしているよう親から言われたのを覚えています。そして、ガタゴト何かを運んでいる音だけが聞こえました。私が言えるのはそれだけです」

ホフマンの家は、裏庭に川が流れるまさに国境沿いで、廃鉱からも歩いて数分だ。宝の存在を信じているかを尋ねると、苦笑した。

「あるかもしれない。ないかもしれない。それが全てです」

KGBと東ドイツ秘密警察

宝探しには、各国の諜報機関も関与していた。まるでスパイ映画のような話になってしまうが、東西冷戦期には旧ソ連の情報機関KGB（国家保安委員会）も、このドイチュノイドルフをひそかに調査していた。

ソ連は、貴重な文化財をナチスに奪われた「被害者」の側だ。血眼になって秘宝を探す大義名分は確かにある。冷戦時代、ソ連は同じ共産圏のいわば「子分」だった東ドイツの秘密警察と協力し、「琥珀の間」が運び込まれた可能性のある場所について情報収集をしていた。

東ドイツの秘密警察は、正式名称を国家保安省（Ministerium für Staatssicherheit）といい、シュタージッヒャーハイト（Staats／国家）ジッヒャーハイト（Sicherheit／保安）を略し、通称シュタージ（Stasi）と呼ばれる。自国の国民を監視するだけでなく、西側にもスパイを送り込む組織として怖れられた。

職員の数も多かった。一九八八年時点で正職員は九万一〇〇〇人。当時の東ドイツの人口が一六六〇万人なので、約一八〇人に一人の割合で秘密警察職員が存在していた計算になる。

さらに、国家に批判的な市民をひそかに「密告」する非公然職員も多数いた。彼らはIM（Inoffizieller Mitarbeiter／非正規職員）と呼ばれ、その数は一八万九〇〇〇人に達した。正職員と合わせればシュタージの割合は一気に六〇人に一人になる。少し大きな職場や学校なら、必ず「密告者」が一人はいる計算だ。当時を知るお年寄りに話を聞くと「カフェでお茶を飲む時も、不審な人物の出入りを警戒し、言葉に気をつけていました」と振り返るが、決して大げさな話ではないのが、こうした数字を並べるとよく分かる。

ドイツ映画『善き人のためのソナタ』(二〇〇六年公開)には、そのシュタージの実態が克明に描かれている。反体制思想を持つ劇作家とその恋人の舞台女優が一緒に住む部屋を、シュタージ職員が監視する。だが職員は、盗聴器から聞こえる自由賛美の言葉や、ピアノの音色に徐々に心を奪われていくというストーリーだ。ラストシーンも秀逸で、この映画は二〇〇七年アカデミー外国語映画賞を受賞した。

東ベルリンにあったシュタージ本部は今、博物館に改装されており、実際に盗聴や盗撮に使われた機器を見ることができる。ネクタイや財布に忍ばせた秘密の小型カメラは、現在のデジカメくらいの大きさだが、当時は十分「最先端」の盗撮器具だったのだろう。圧巻は、木をくり抜いた中に設置した盗撮用カメラだ。木に不自然な穴が開いているので、さすがに中のレンズに気付く人もいただろう。だがこうした「分かりやすい」監視は、ある程度意図的だった。「お前を監視しているぞ」。市民にそんな威圧感を与える効果を狙ったものだ。

こうしたシュタージの調査は、「琥珀の間」にも及んだ。

ベルリン東部の繁華なアレクサンダー広場の近くに、シュタージの膨大な公的文書を保存するシュタージ文書管理局(BStU, Der Bundesbeauftragte für die Unterlagen des Staatssicherheitsdienstes der ehemaligen Deutschen Demokratischen Republik）がある。ジャーナリストや学者のほか、かつてシュタージから監視されていた一般市民も事実確認を求め、ここで文書の閲覧を続けている。自身に関する資料を見たいという市民からの閲覧申請は今も後を絶たず、二〇一四年の一年間だけでも六万七七六三件に達した。驚くべき数字だ。

私は「琥珀の間」に関する文書の有無を問い合わせてみた。すると約二週間後に担当職員から連絡があった。シュタージが「琥珀の間」を調べた文書は確かに存在し、閲覧は可能だという。

二〇一三年一一月、毎日新聞ベルリン支局のドイツ人助手を連れ、文書管理局を訪れた。建物の内装は白で統一され、大企業のオフィスのように整然としている。受付の初老の男性に身分証明書を示し、あらかじめ担当職員に閲覧の予約をしていることを告げると、入り口近くの待合室に通される。

やがて担当職員に案内され、エレベーターで六階の閲覧室に向かう。建物内に食堂はないため食事は外ですること、コピーを取りたい場合は文書番号を所定用紙に記入することなど一〇分ほど説明を受け、閲覧室に通された。

私たちが座る席の横に、一冊三〇〇〜五〇〇ページほどもある厚いバインダーがラックに用意されていた。全部で三〇冊ほどある。

「これが『琥珀の間』に関するシュタージの書類です」

職員にそう言われ、少し驚いた。ある程度の分量とは予想していたが、これほどのドイツ語の資料をざっとでも読み通すのは、私の拙《つたな》い語学力では「苦行」に近い。助手に同行を求めて正解だった。

朝九時から目を通し始め、助手と手分けしてひたすらページをめくり、重要と思える箇所の文書番号を用紙に記入する作業を続けた。全部で二〇席あるこの閲覧室では、他に一〇人ほどが同じように黙々と文書をめくっている。パソコンを持ち込んで作業をする人もおり、カタカタとキーを叩く音だけが響く。

昼食をはさみ、気付けばあっという間に日が暮れていた。どれも味気ない報告書の類だったが、かえってそれが凄みを感じさせる。古い時代のタイプライターで打ってあるせいか、時々不鮮明な文字もあったが、読解には影響ないレベルだ。

文書からは、シュタージが真剣に「琥珀の間」を探していた様子がよく分かる。有力視していた候補地も記載されている。

ハウシュタイン議員の地元ザクセン州も、やはりその一つだった。

シュタージの執念

シュトルツェ大佐という人物の署名が入った一九八二年五月一四日付の『琥珀の間』に関する現時点での探索報告書」'Bericht über die bisherigen Ergebnisse der Suche nach dem Bernsteinzimmer' という一六枚の文書がある。その中に、以下のような記述がある。

「『琥珀の間』は一九四四年八月の英米によるケーニヒスベルクの爆撃では本質的な損害を受けず、持ちこたえた。台座部分など一部は破壊されたが、重要部分は城の破壊の数日前にケーニヒスベルク城の展示室から避難していた」

その後、一九四五年一月一五日に「琥珀の間」の運搬が始まり、「二五〜二七箱」ほどに小分けして梱包され、搬出された経緯が記されている。向かった先については、「今までのところ、ザクセンか、またはドイツ帝国内の別の場所なのか、保管先については確たる証拠は発見できていない」

と記されている。ハウシュタイン議員の地元ドイチュノイドルフ村のあるザクセン州が、少なくとも探索先の一つだったのは確かなようだ。

もう一つ、ハウシュタイン議員の証言を裏付ける記述も見つかった。ケーニヒスベルク博物館館長のローデ博士は、確かにザクセン州に来ていたのだ。文書には、

「ローデ博士は一九四四年一二月八日までの四日間、ザクセンを旅したことが、書類の記

録で裏付けられている」

との記述があった。

この四四年一二月という時期は、まさに絶妙のタイミングだ。既に城は爆撃されていたが、まだソ連兵は来ていない。ちょうどその頃合いを見て、ローデ館長はザクセンに芸術品を疎開させるため「下見旅行」をした可能性もある。

ややギクリとしたのが、ローデ館長の死についての言及だ。一九八〇年一〇月二七日付の文書で、

「おそらく一九四五年一二月一五日、謎めいた状況で、病院で死去した」

と記されており、シュタージですら死亡した正確な日付や死因を特定していない状況がうかがえる。

やはりザクセン州は有力候補地なのか。ハウシュタイン議員は、さらにこうも付け加える。

「東西ドイツ統一後の一九九九年、私は旧東ベルリンのパンコウ地区で、元シュタージのゾイフェルトに会いました。彼は笑って『俺たちシュタージは、君の村を既に八二年に調べていたんだよ』と打ち明けてくれたのです」

このゾイフェルトという人物の存在も、シュタージ文書で確認できる。一九八二年一月

一一日付の報告書には「中佐ゾイフェルト」との署名がある。彼は後に大佐に昇進したと見られ、ドイツのメディアでは「大佐」との記述もある。

ゾイフェルト中佐は、どうやらシュタージで「琥珀の間」を探索するチームの責任者だったらしい。そして最初にKGBがゾイフェルト中佐に「ドイチュノイドルフの鉱山について教えてほしい」と照会してきたのは、一九七五年だった。

KGBの問い合わせに対し、ゾイフェルト中佐は、

「ドイツ側は既に閉山しています。我が同志のチェコスロバキア（当時）側を調べた方がいいと思います」

と返答したという。このアドバイスを受け、KGBはチェコ側を熱心に探索した。だが成果はなかった。

「KGBは結局、一週間ほどチェコ側を調べて引き上げたようです。私もチェコ側の鉱山に何度か入りましたが、岩壁に書かれたロシア語のキリル文字を時々見かけるんです。KGBの痕跡だと思いますよ」

だがKGBが調査を打ち切った後も、ひそかにシュタージは調査を続けていた。一九八二年にはドイチュノイドルフの鉱山近辺の掘削調査を実施したという。

シュタージの執念は恐ろしい。社会主義体制下では当時、異例とも言える六〇〇万マル

クの国家予算を注ぎ込み、「琥珀の間」探しに熱中した。当時の東独マルクは公式には西独マルクと等価とされ、一九八〇年代前半の西独マルクが九〇円前後だったため、五億円内外という計算になる。東独マルクの実際の価値は当然もっと低いので、現実には二億円程度だったかもしれないが、それでも社会主義国家が億単位のカネを湯水のように注ぎ込む案件は、まさに国を挙げた一大プロジェクトだったといえる。

ドイチュノイドルフから約五〇キロ西のアウエでは一九八五～八七年にかけ、このうち二〇〇万マルクを使ったという。スイス製最新パワーショベルで鉱山を掘り進めるだけで、週に五〇〇〇マルクが消えていった。シュタージ長官ミールケは「探索は、長官自らが決裁すべき事案」と述べたとされ、その意気込みの程がわかる。

探索のカギを握る二人

探索作戦は、ひそかに「プーシキン」とのコードネームで呼ばれた。「琥珀の間」があったサンクトペテルブルク郊外ツァールスコエ・セローは第二次大戦前、プーシキン市に名を改めていたからだ。『スペードの女王』『大尉の娘』で知られるロシアの作家プーシキンがかつてこの町で学んだことにちなみ、死後一〇〇年にあたる一九三七年に改名していた。

この「琥珀の間」探索チームのエース的存在が、ゾイフェルト中佐の同僚のパウル・エンケ中佐という人物だった。シュタージは軍隊式の階級制度を取っており、大佐、大尉などの肩書きが文書には見られる。エンケ中佐の指揮で捜索された場所は約一三〇ヵ所に上り、実際に掘り進められた坑道は約三〇ヵ所に及んだ。

少し意外だったのは、エンケ中佐が長年調べた資料は、一般の書籍として普通に当時の東ドイツ国内で販売されていたことだ。素人考えでは、情報機関の調査は国家が隠し通すものだと思ってしまうが、実際にはむしろ一般国民に向けて、広く情報提供を募ったともいわれている。

そのエンケ中佐の著書が、一九八七年に出版された『「琥珀の間」レポート』"Bernstein-zimmer-Report"だ。インターネット通販で現在も入手できる。早速注文してみたが、古本で一五・五五ユーロ。日本円で約二〇〇〇円ほどだ。届いた書籍を開けると、中には旧東ドイツ時代の紙切れがそのまま挟んであった。「乱丁・落丁本があれば、この紙を送って下さい。東ドイツ・ゴータ市、人民所有企業（国営）ハーク出版社」。既に消滅した国家で印刷された紙が、こうして古書にはさまったまま、何十年もの時を経て再び読者の手に渡っている。ちょっとしたタイムトラベルに遭遇した感覚だ。

この本を読むと、エンケ中佐はザクセン州やテューリンゲン州を始め、北部のメクレンブルク＝フォアポンメルン州など、実に広範囲に候補地を探していたことが分かる。巻末には「略奪・運搬に関わった主な人物の一覧」というリストまで作り、実名で三五人を列挙している。この中にはケーニヒスベルク博物館館長のローデ博士の名前もあり、やはり「不透明な状況下、一九四五年一二月に死亡」と記されている。

二〇一四年七月、私はゾイフェルト、エンケの二人と親交のあったベルリン先史・原史博物館元学芸員で歴史学者のクラウス・ゴールトマン博士（七八歳）を訪ねた。既に子供は独立し、夫人と二人で暮らす集合住宅で当時の話を聞いた。

「ゾイフェルトという男は多くを語らない人物でしたが、私は彼に盗聴されていました。ある時、ゾイフェルトと話していて、こう言われました。『ああ、その話なら知っている。君の電話は全部聞いているからね』とね」

あっけらかんと話すが、横で聞いている夫人は苦笑する。テラスから眺める夏のベルリンの天気は変わりやすく、雨が降ったり、急に晴れ上がったり、せわしない空模様を横目に、博士は二人のシュタージ幹部の記憶を思い出して語る。話が盗聴の場面に及んだ時、不意に夫人が口を挟んだ。

「そうなんですよ。だから私はいつも電話を取る時、おはようございます、しか言わなかったんですよ」

夫人の言葉が終わるのを待って、博士は真顔になってこう話した。

「シュタージが『琥珀の間』探索のための特別な課を設けていたのは確かです。ゾイフェルトとエンケは、間違いなくその中心でした」

私は二〇一四年秋、かつてエンケの部下だったという七〇代の元シュタージ職員にも会うことができた。彼にエンケの名前を出すと、私の目をじっと見て、こう話した。

「その名前を、まさか日本人の口から聞くとは思いませんでした。二人とも『琥珀の間』探索のカギを握る人物です。エンケは頭の回転が速く、聡明な人物でした。『琥珀の間』の所在について、手掛かりをある程度つかんでいたのは確実だと思いますよ。探索者には当時、二つの派がありました。ソ連に贈り物をして喜ばれたいという一派と、純粋に宝探しに憑かれた人々です。エンケは後者で、のめり込み過ぎるところもありました。彼はソ連の指示などどうでもよかった。何かに憑依されたように宝を追っていました」

エンケ中佐も同僚のゾイフェルト中佐も、国家の威信をかけて各地を探索した。だが「琥珀の間」を追ったのは東ドイツやソ連だけではなかった。当時の西ドイツも、その痕跡を探し求めていた。

西ドイツ人ハンターの「自殺」

首都ベルリンのドイツ連邦議会（下院）の建物内にある連邦議会図書館は、すぐ近くに支局を構える私にとって便利な場所だ。一四〇万冊という膨大な数の蔵書・資料がそろい、既に絶版となった書物も閲覧できる。

「琥珀の間」に関する文献を毎日探していると、気になる資料にぶつかった。エンケ中佐の『「琥珀の間」レポート』の出版を担当した編集者、ギュンター・ヴェルムッシュが、やがて自身も宝探しに夢中になり、自ら執筆した『「琥珀の間」神話』"Die Bernsteinzimmer-Saga"だ。その中に興味深いやり取りが出てくる。内容は、連邦議会の公文書（電子版）でも確認できる。

それは一九七八年一二月、西ドイツの首都ボンにあった連邦議会での質疑応答だ。

社会民主党・ディーデリヒ議員「政府としては、世界的に有名なこの計り知れない価値を持つ『琥珀の間』を、いずれ確保できるとお考えですか？」

西ドイツ内務省・シェーラー政務次官「一九四五年以降、行方不明となっている『琥珀の間』について、政府は現在、所在確認に努めております。詳細な調査をしているゲオルク・シュタイン氏とも連絡を取っていますが、まだ十分な手掛かりはないという状況です……」

このやり取りを読むと、どうやら当時の西ドイツ政府も、結構本気で調査をしていた様子がうかがえる。そして、ここで新たなハンターの名前が出てくる。

ゲオルク・シュタイン。

どうやらこの人物が、西ドイツ政府の支援を受け、実地調査に当たっていたようだ。シュタインは、ドイツ北西部ニーダーザクセン州のヴィッテキント鉱山などを有力視していたらしい。隠し場所としてまたも「鉱山」が登場する。ドイチュノイドルフ同様、やはり隠し場所にはうってつけのようだ。大規模な収蔵品を人知れず運び込むには、当然、人目に付かない場所がいい。鉱山はその意味で、頑丈な岩に防御された天然の要塞でもある。

シュタインは、ドイツの有力週刊新聞「ツァイト」などに寄稿していたジャーナリストでもあった。彼の足跡をたどろうと思ったが、一九八七年八月に死亡している。当時の警察発表は「自殺」。報道を見てみると、思わずギョッとする。バイエルン州の森の中で発見された遺体は裸で、腹が切り裂かれ、近くにナイフと外科用メスが落ちていたという。「ハラキリ」と伝えたメディアもある。

東西冷戦時代の西ドイツを代表するハンター、ゲオルク・シュタインに、一体何があったのか。

知りすぎた男

生前のシュタインの手紙など膨大な資料を所有する人物がいる。バイエルン州北部ルートヴィヒスシュタットに住むハインリヒ・ハッテンハウアー（五一歳）だ。本業はコンピュータ関連会社の経営者だが、ナチス財宝の研究者としても知られ、これまでに三冊の本を出版している。

ハッテンハウアーの書斎に入ると、整然と並べられた数多くのバインダーが目に留まる。自身が収集した財宝伝説に関する資料だ。

「シュタインは、ドイツ各地のあらゆる地域を調べ、『琥珀の間』に最も近付いた人物とされています。死の直前に手掛かりを見つけ、親しかった東ドイツのパウル・エンケ中佐に電話し、近く記者会見すると興奮して話していたそうです。しかし会見を開く直前に自殺。その後、同じ一九八七年になぜかエンケ中佐も病死しています」

ここで「西」のシュタインと、「東」のエンケ中佐の接点が明らかになる。二人は深い親交があり、頻繁に連絡を取り合う仲だったという。だがその二人は、「琥珀の間」の手掛かりに近付いたとされる時期に相次いで世を去った。これは偶然なのか。

シュタインはもともと農家だったが、四〇歳を過ぎた辺りからナチスが略奪した財宝の探索に熱中し始めた。専門教育を受けたわけではないので、美術や文化財についてはほぼ独学だったらしい。だが、アマチュアでありながら彼の名声はある時、一気に高まる。

一九七〇年、シュタインは大発見をした。ドイツ西部レクリングハウゼンの博物館に保存されていたイコン（聖母・聖人などを描いた聖画像）が、第二次大戦中にナチスによって略奪されたロシア正教会のものだと指摘したのだ。このイコンがソ連に返還され、シュタインがロシア正教会から表彰を受けると、一躍その眼力が注目され始めた。シュピーゲル誌は二〇〇〇年、シュタインを冒険映画の主人公の考古学者に例え、「彼は『琥珀の間』探索におけるインディ・ジョーンズだった」と評している。

この在野の西独の研究家を、東独もかなり警戒していたようだ。シュタージの一九八二年五月一四日付の報告書では、彼が「英国情報機関」の支援を受けている可能性を指摘している。

せいぜい趣味程度で宝探しに没頭する一般市民が相手なら、シュタージもあえてこんな文書を残すことはないだろう。だが宝を血眼になって追うシュタージにとって、彼は脅威に映った。なかなか「琥珀の間」を探し出せずに焦る東独当局が、シュタインを警戒していたのは間違いない。

だがシュタインの調査は突如、一九八七年に終わりを告げる。「ようやく手掛かりを見つけた」と周囲に話していた矢先に、自殺してしまうのだ。前述の『「琥珀の間」神話』には、この辺りの経緯が詳しく記されている。

自殺の二ヵ月前の一九八七年六月、シュタインは滞在先のスイスからエンケ中佐に電話し、自身の命が狙われている、との懸念を伝えた。そしてこう言った。

「急いで（東）ベルリンに行きたい。東ドイツのビザを用意してくれないか」

エンケ中佐は了承したが、ビザ取得は失敗した。その理由は明らかにされていない。

ハッテンハウアーは言う。

「死の直前、シュタインは一〇万マルクの負債を背負っていたとの話もあり、生活に苦しかったのは確かです。ですが、それが自殺の理由と即断することはできません。彼は友人から支援を受け、探索に情熱を燃やしていました。そしてどこかは明言していませんが、本当に重要な手掛かりを見つけたと話しており、記者会見を開く計画まで実際に練っていました。殺害された証拠はもちろんありません。しかし自殺と断定できるほどの証拠もない。それが現実的な解釈だと思います」

シュタインの遺体が見つかったのは、一九八七年八月二〇日。バイエルン州のティティングの森で、散歩をしていた近所の住人が見つけた。血だらけの遺体は裸だった。

シュタインの死を聞いたエンケ中佐は当時、こう述べたという。

「命を狙われていると警戒していた男が、一人で森に入るのは不自然だ」

自殺説に疑問を抱く人は多かったが、シュタインは過去にも自殺未遂を起こしており、もともと精神的に不安定で、命を狙われているという話も「妄想ではないか」との見方があるのも事実だ。

だが、遺体の状況は尋常ではない。深く切り裂かれた腹から、腸などの内臓が草の上に飛び散っていたという。遺体の脇には、はさみが二本、外科手術などに使うメスが一本、そして固いパンを切るナイフも落ちていた。よほど深く自身で腹を切り裂かなければならず、普通の人間には不可能にも思える。

何者かに殺害された後、遺体は森に捨てられたのではないか。血が付着した衣類は、証拠隠滅のために何者かが持ち去ったため、裸だったのではないか。「他殺説」はそのような推測に立つ。

遺体発見後、実際に地元検察当局は他殺も視野に入れた捜査を開始した。だが結局、他殺を裏付ける証拠はなく、「自殺」として捜査は打ち切られた。

だがシュタージの一九八八年七月一八日付の文書には、エンケ中佐が述べた話として以下のような記述がある。「（シュタインが）殺害された状況を見ると、ナチスの古き同志たち、ナチス親衛隊（SS）、またはネオナチのグループによる犯行と推測される」。つまりエンケ中佐は、シュタインの死は明確に「殺人事件」と考えており、その実行犯はおそらく財宝を我が物にしようとするナチス残党だと信じていたようだ。

「彼（シュタイン）は敵が多い男だった。そして彼は、あまりに多くを知りすぎてしまった」

二〇〇〇年一一月、シュピーゲル誌の記者エーリヒ・ヴィーデマンはこう評した。死の真相は今も分からない。シュタインが入手したというヒントも、永遠に謎のままだ。

相次ぐ謎の死

だが一つ気になるのは、シュタインと親交のあったエンケ中佐も、その直後に死亡していることだ。

「エンケ中佐の死因は文献によって違うんです。ある人が書いた本には、彼は路上で倒れて急死したとある。別な人は、彼は病気で入院中に死亡したと書いている。見事にバラバラなんです」

ナチス財宝研究家のハッテンハウアーは、自身で死因を調べようと思い、エンケ中佐が住んでいた家を調べ、隣人に片っ端から電話をかけたという。

「隣家の女性がようやく、当時の状況を説明してくれました。その人によると、エンケ中佐は自宅のソファで横になっていた時に、心臓発作を起こして救急搬送されたというんです。ただ、病院に到着した時はほとんど手遅れだったそうです。しかし親交のあった二人の研究家が『琥珀の間』のヒントに近付いた瞬間に、同時期に亡くなるというのは奇妙です」

農家出身という在野の一民間人でありながら、略奪品のイコンを見抜くなどの眼力が評価され、西独政府から委託された調査や、週刊新聞「ツァイト」への執筆で世に知られたシュタイン。そして、東独秘密警察が威信をかけて編成した宝探しチームを率いたエンケ中佐。立場も経歴も国籍も違う二人のハンターは、「ベルリンの壁」崩壊まであとわずか二年という冷戦末期の一九八七年、相次いで世を去った。

それにしても、謎の死や脅迫状など物騒な話が多い。自宅で取材に応じてくれたハッテンハウアー自身も、娘二人が学校に行ったのを確認し、かつて何者かが送りつけてきたという手紙をそっと見せてくれた。

最初の研究書を出版した直後の一九九六年七月の日付で、ワープロ書きでこう記されていた。もちろん、署名などはない。

「あなたの著書を拝読致しました。よく考えて下さい。あなたは、自身の命を危険にさらしています。まだ存命中のナチス親衛隊の古き友人たちは、あなたの行動を好んでいません。あなたの個人データは私の手元にあり、あなたの行動は詳細に調査されています」

要するに「琥珀の間」の研究を今すぐやめろ、という脅迫状だ。宝を追う者たちはもちろん、自分が真っ先に見つけたいと誰もが思っている。だから前述のハウシュタイン議員も言うように、ライバルを蹴落とすためのただの脅しかもしれない。だが実際に受け取ってみれば、脅迫状や脅迫電話は誰だって怖いものだ。ハッテンハウアーには今も時々、無言電話があるという。

送り主には見当がついているのか。

「身辺を詳細に調査、というニュアンスは、東ドイツでよく使われた言い回しなんですよ。手紙の主は、たぶんシュタージ関係者だと思います」

宝を見つけたらどうなるか

ハッテンハウアー自身は、テューリンゲン州の鉱山に「琥珀の間」があるとの説に立つが、地権者の許可がなかなか下りず、探索はできていないという。そしてハウシュタイン議員が主張する「ザクセン州ドイチュノイドルフの廃鉱」説には懐疑的だ。

「確かに、何かが廃鉱に埋められた事実はあるかもしれない。でも終戦時は多かれ少なかれ、鉱山に何かを隠すことなどざらにあったのです。ホテル従業員が資産を保全するため、ベッドを隠したなんて話もあるほどです。だからナチス部隊が何かを隠したかもしれない、という推測だけでは根拠として弱い。あとドイチュノイドルフの坑道は人間が通るには狭いですよね。たとえ小分けしたとしても、巨大な『琥珀の間』を全て運び込むにはスペースが足りない気がします。ナチスが事前に隠し場所を詳細に調査したとすれば、逆にあそこは候補から外れる気がします」

私はその後もシュタージ文書管理局に申し込み、資料の閲覧を続けたが、確かにドイチュノイドルフを有力視する記述は見つからなかった。

だがハウシュタイン議員の説とは全く関係なく、この村に宝があると主張するハンターもいる。クリスチャン・ハニッシュという人物だ。ドイツのメディアで報じられた話を総合すると、ハニッシュの父親は元ドイツ軍の空軍曹長で、終戦間際に国家元帥ゲーリングの命令により、ベルリン北郊のショーフハイデから、木箱を積んでドイチュノイドルフまで空軍機を操縦したという。木箱は「小さいが、飛行機の積み荷としてはかなり重い」（シュテルン誌二〇〇八年二月）ものだったという。

その後、父親は記憶を頼りに、木箱を隠した場所を地図に書いてみた。その詳細は明らかではないが、一九九七年に親子でその現場を訪れた際、父親は確かにこの辺りだったと述べたという。それは、ハウシュタイン議員が掘り進める廃鉱のすぐ近くらしい。

本当に宝を見つけたらどうなるのか。

文化財の管理に詳しいテューリンゲン州政府の考古学担当官、カリン・チェヒ博士に尋ねてみた。

「美術品や貴金属が見つかった場合、まずは元の所有者に返還されるのが原則です。たとえば名前入りの結婚指輪なんかだと、所有を証明することが可能ですから、持ち主の手に返すことができますよね。しかし所有者が特定できない場合、地元自治体の財産になります」

ただ、州政府では発見者に対して一定の報奨金を支払うことも検討するという。これがいわゆるトレジャー・ハンターの意欲をかき立てるわけだ。

では「琥珀の間」が見つかった場合、誰の手に渡るのか。

「正直、私の想定範囲を超えています。ですが、もともとの所有者としてのロシアが返還を求めてくることが予想されます。この場合、おそらくドイツは拒否できないと思いますよ」

最終的に「琥珀の間」ほどの文化遺産になれば、一地方自治体の判断では手に負えなくなる。この場合、ドイツとロシアの両政府間で高度な「外交交渉」に発展するのは確実とみられている。

果たして「琥珀の間」は本当にザクセン州に運ばれたのか。それとも別の候補地にあるのか。

第二章　消えた「コッホ・コレクション」

エリツィンの笑み

「琥珀の間」の謎解きには一時、意外な人物も参加した。というより、むしろ「かき回した」といった表現がピッタリかもしれない。

記者会見という公の場で、詰め掛けた報道陣を前に、

「私は『琥珀の間』のありかを知っている」

と発言した世界の首脳が一人だけいる。それが、ロシアのエリツィン大統領（一九三一～二〇〇七、在任一九九一～九九）だ。

東西ドイツ統一から約一年後の一九九一年一一月二二日、新生ドイツの当時の首都ボンを訪問したエリツィンは、記者会見で「琥珀の間」が実在するという爆弾発言をした。記者団から、

「もしご存知なら、どこにあるか場所を特定して下さい」

と問われると、

「それは言わない。だが私は知っている」

と答え、以後は口を閉ざした。この回答に要した時間は、わずか四秒だった。

この時の映像は、今も動画サイトなどで見られる。エリツィンは質問した記者にまず顔

爆弾発言の前日の1991年11月21日、ボンでヴァイゲル連邦財務相（当時・右）らの手を握るボリス・エリツィン

を向け、自信たっぷりに答えた後、顔を別の方向にそらせて、口元に笑みをたたえている。

新聞記者は、口から出た発言だけがすべてと思い込まず、表情や仕草からも意思を読み取れ。新聞社に入社以来、常に先輩からそう教えられてきたものだが、これが簡単なものではない。笑みまで見せたエリツィンの仕草を素直に解釈すれば、それは「余裕」ということになるだろうが、実際はそう見せ掛けた苦しまぎれの態度とも取れる。政治家にはよくあるパターンだが、たまに話を脚色し、リップサービスが過ぎた部分を改めて突っ込まれると、矛盾点を悟られたくない焦りから、あえて堂々とした態度に出ることがある。エリツィンは「知っている」と断言したが、どこまで真実なのか。映像を見る限り、判断するのはなかなか難しい。

だが、この発言には伏線がある。

この記者会見の三日前、一一月一九日にソ連の労働者向け新聞「ラボーチャヤ・トリブーナ」が『琥珀の間』を発見」という「スクープ」を掲載していた。当時の報道や資料を総合すると、この原稿のネタの出所は、ソ連のＧＲＵ（軍参謀本部情報総局）らしい。このＧＲＵは偵察衛星や特殊部隊を使った情報収集を得意とする組織で、有名なＫＧＢと並ぶソ連の代表的な情報機関だった。記事の中で「琥珀の間」があるとされたのは、ドイツ東部テューリンゲン州にあるソ連の軍事施設だった。

ただ、この「発見」については当時、本来「発見？」というようにクエスチョン・マークが見出しに入るはずだったのが、それを入れ忘れたとの話が定説になっている。つまり、もともと話の確度は高くないという見方だ。

だが記事の反響は大きく、この直後に予定されていた「エリツィン訪独」には関心が集まった。このわずか一ヵ月後、一二月二五日にソ連のゴルバチョフ大統領が辞任し、ソ連が崩壊する。ソ連の継承国として、核兵器や国連常任理事国の地位が、その後ロシアに引き継がれることになるが、そのロシア初代大統領がエリツィンだ。一一月のドイツ訪問は、まさにエリツィンが最高権力者としての階段を駆け上っていく真っ最中の出来事だった。

ソ連の新聞の「スクープ」、そしてエリツィン発言、こうした状況が重なり、にわかにテューリンゲン州が騒がしくなった。記事中で触れられたソ連の軍事施設とはどこなのか。

　該当するのが、東独に駐留していたソ連軍の基地「オーアドルフ演習場」と、その周辺に広がる「ヨナス谷」だった。

ナチスの「最後の砦」

　ヨナス谷は、ドイツ東部テューリンゲン州アルンシュタットから約五キロ南西の林道沿いにある。アルンシュタット駅でタクシーを拾い、「ヨナス谷を見たい」と告げると、運転手はすぐに場所を理解した。

　訪れたのは二〇一三年の秋。針葉樹の生い茂る林道の空気は澄んでいた。日本の紅葉と同様に、黄色と赤が入り混じった鮮やかな林の一本道を、タクシーは西へ走った。すると一〇分ほどで、右手に切り立った崖の岩肌が姿を現す。

　崖の高さは五〇メートルほどだろうか。車中から少し離れて見る限りではそれほどの圧迫感はなく、崖もむしろなだらかで、一瞬「スキー場」を想像した。だが車を降りて近付くと、やはり天を仰ぐほどの高さで迫ってくる。見た目より垂直で、一般人が簡単に登れる場所ではない。

　よく見ると、崖の斜面のあちこちに穴がある。これが終戦直前、ナチスによって掘られ

ドイツ東部テューリンゲン州に広がる渓谷「ヨナス谷」。岩肌にはトンネルがところどころに見え、「戦時中に財宝が運び込まれた」との伝説も残る＝2013年10月、著者撮影

た謎のトンネルだ。この中に、「琥珀の間」を隠したとの説が根強く語られているのだ。

現在、確認されているトンネルは計二五ヵ所。戦局が劣勢になってきた一九四四年以降、ナチスはここを「最後の砦」とし、ヒトラーが立てこもる総司令部とする予定だった。坑道の長さは短いもので一四メートルほどだが、最長で一七六メートルに及ぶものもあるという。全長は約二キロになり、最後はこうした坑道を互いにつなぎ合わせ、強固な「要塞」とする計画だったらしい。

終戦間際で、しかも岩壁での突貫工事という危険な作業のため、坑道建設には多くのユダヤ人捕虜が強制投入された。彼らはワイマール郊外のブーヘンヴァルト強制収容所を始め、現ポーランド南部にあるアウシュヴィッツ強制収容所などから着の身着のままで連行されてきた。その数は一万人以上に上る。

戦後、オーストリアに駐留していた米軍が、オーストリア人建築技師のカール・フィービンガーを尋問した際の調書がある。一九四七年六月一一日付の尋問調書には、以下の記述がある。

「空襲に耐えられるシェルターや防空壕の計画・建設は、ヒトラーとその側近たちが最後の拠点として使用するためだった。場所はゴータの南一〇キロ、クラヴィンケルからアルンシュタットに向かって二キロに位置する。一九四四年のクリスマスの日、ナチス親衛隊（SS）将校カムラーが、トップ・シークレットのこの計画遂行をフィービンガーに命じた。一九四五年四月一五日までに完成させるようにとの命令だった。三つの水平のトンネルを丘に面して作り、（各トンネルを結ぶ）通路も必要とされた。トンネルがほぼ完成した一九四五年三月中旬、ここは放棄された」

ヒトラーがここに来ることは結局なかったが、ヨナス谷はこうしてナチスの反撃の拠点として建設が進められたのは確かだ。

捕虜による過酷な強制労働

現在、地元アルンシュタットには「ヨナス谷の歴史・技術を研究する会」という民間団体があり、ジャーナリスト、会社員など約五〇人の会員が独自の研究を進めている。会長を務める自営業のヨハネス・アルト（五九歳）は語る。

「終戦間際にヨナス谷に進軍し、強制収容所を最初に解放したのは米軍でした。その後、東独時代にはソ連が進駐し、付近を立ち入り禁止としました。現在まで当時の状況が分かる詳細な報告書は公開されていません」

会員は独自に、当時を知るお年寄りに聞き取り調査をして実態解明を進めているという。

「トンネルを掘った目的の一つとして推測されるのが、『琥珀の間』の搬入です。ヨナス谷は非常に狭い谷で、何かを隠し、取り出すには都合がいいサイズです。近くには空軍の基地もあり、防衛という面でも優れています。湿気も少なく、美術品を隠すには好条件なのです」

東独秘密警察シュタージも、やはりヨナス谷について調べていた形跡がある。シュタージが東独政権与党のドイツ社会主義統一党中央委員会（Zentralkomitee der Sozialistischen Einheitspartei Deutschlands）に宛てた一九六五年三月三〇日付の文書では、「大規模な総統宿営地の地下通路網は、クラヴィンケルから約七キロ離れたオーアドルフの軍演習場の岩場ヨナス谷にある」と場所を記している。そして、ヨナス谷近郊の町に「油絵、高価な絨《じゆう》毯《たん》、ダイヤモンド、金・銀など」が戦時中は安置されており、「おそらく総統宿営地のためのものだった」と指摘している。

「何か」がここに運ばれた。その存在はシュタージも認めている。ただ、この六枚の報告書の中では注意深く「琥珀の間」の名称を避けており、情報の精度については多少、疑問視していたのかもしれない。

戦後に進駐したソ連軍は、ヨナス谷にあった多くの坑道の入り口を爆破し、中に入れないように完全にふさいでしまった。アルト会長によると、「エリツィン発言」が報じられた後、米国人の富豪がヨナス谷の探索に乗り出したという。トンネルには番号が付けられており、この富豪は少なくとも二三番から二五番までをこじ開け、内部を掘り進めた。だが何者かから脅迫状を受け取り、探索を中止したという。現在、ヨナス谷一帯はドイツ連邦軍の管理下でトンネルへの立ち入りは禁止されており、事実上探索は不可能だ。

アルト会長は、「琥珀の間」がヨナス谷に運ばれたと信じる根拠の一つとして、「地理的要因」も付け加える。

「ヨナス谷は、ワイマールからわずか三〇キロの場所にあります。『琥珀の間』がワイマールに到着した可能性もよく指摘されていますが、その後の行き先は不明のままです。ワイマールからヨナス谷までの道は当時からよく整備されていました。移送は特に困難ではなく、十分ここまで到着した可能性はあります」

だが同じ会の会員で、ジャーナリストのロニー・シェーンクネヒト（三九歳）は疑問を投げかける。

「確かに条件的にはそろっていますが、仮に『琥珀の間』を搬入するだけなら、なぜ二五本ものトンネルが必要だったのか、という疑問は残ります。おそらくベルリンからヨナス谷まで、全ての機能を移転させようとしたからだと思います。単に立てこもるための総司令部というのではなく、宿泊に使う場所や、仕事をする場所など、かなりの人数が作業できるスペースが必要だったのでしょう」

あまりに情報が乏しい故に、逆に多くの仮説が成り立つのがこのヨナス谷だ。ナチスはここで戦時中、ひそかに原子爆弾の製造に従事していたとの説まである。

林道わきには、ヨナス谷のトンネル工事に駆り出され、命を落とした5000人の捕虜を追悼する慰霊碑が建つ＝2013年10月、著者撮影

ヨナス谷の工事に駆り出された強制収容所の捕虜にとって、作業は地獄の苦しみだった。捕虜たちは坑道掘削のほか、道路や鉄道建設にも従事したが、大掛かりな機械などもなく、劣悪な栄養状態の中、多くの捕虜が次々に命を落としていく。ヨナス谷に工事に向かう捕虜たちの列は「死の行進」と呼ばれた。

ヨナス谷の秘密の砦は「SⅢ」というコードネームで呼ばれた。「S」はゾンダーバウフォアハーベン（Sonderbauvorhaben／特別建設計画）の頭文字だ。現在は林道の片隅に、建設工事で亡くなった犠牲者をしのぶ記念碑が建っている。石造りの角柱に「ファシストの手によってここで殺害された五〇〇〇人のブーヘンヴァルト強制収容所捕虜の名誉のために」と記された金属板が取り付けられている。その脇には石の壁が建ち並び、「SⅢヨナス谷」と書かれている。

捕虜たちの強制労働は、一九四五年四月四日に終わった。米軍がこの地に踏み込み、捕虜を解放した。その四日後、後に合衆国第三四代大統領となるアイゼンハワー将軍が、ブラッドリー、パットン両将軍と共にオーアドルフの収容所を訪れた。ブラッドリーは後に著書『戦士の物語』"A Soldier's Story"の中で、当時の様子をこう回想している。

「死者が放つ臭気は、収容所に入る前から漂ってきた。裸でやせこけた三二〇〇体もの遺体が、収容所のくぼみに投げ込まれ、他の遺体も道に行き倒れになっていた。アイゼンハワーの顔は、まるで仮面をかぶったように蒼白となった……」

ナチスの通信センター「アムト10」

ヨナス谷に隣接するのが、オーアドルフにある問題の「ソ連の軍事施設」だ。東西冷戦時代は二万人の兵士が配置され、西欧ににらみを利かせる拠点の一つだった。ソ連の新聞が主張した「テューリンゲン州のソ連軍事施設」は、まさにこの演習場を指す。やがて東西ドイツが一九九〇年に統一し、ソ連軍が撤退した後、ドイツ軍が基地を引き継ぎ、演習場として使用している。

演習場は約六〇〇〇ヘクタール。その中の絶好の隠し場所としてメディアを賑わせた場所がある。

それがナチス時代の情報本部第一〇課、通称「アムト10」(Amt Zehn)だ。

二〇〇〇年から二〇〇七年まで演習場の司令官だった元ドイツ連邦軍大尉のアンドレアス・ケーニヒ(六〇歳)を訪ねると、自宅の居間のテーブルで、新聞のスクラップ帳を見せてくれた。アムト10を「琥珀の間」の隠し場所候補地として報じた多くの新聞記事だった。

「アムト10は、通信センターでした。ナチスの情報通信の最先端を担う部署なので、どんな爆撃にも耐えられるよう、地下三階まで掘られた防空壕に設置されていました。今は既に爆破され、土で埋められています。最初に建設が計画されたのは一九三四年ですから、第二次大戦前ですね。いわゆるスパイ活動ではなく、通常の通信活動に使用されたとみられています」

アムト10は当時、世界でも有数の技術を持っていたという。詳細は不明だが、米ソともその存在に大いに関心を寄せていた。

「オーアドルフやヨナス谷に最初に進攻したのは米軍でした。なぜ米軍が、何としてもソ連より先にここに来たいと思ったか。それにはアムト10の存在があると思います。相手の軍事拠点を制圧し、自国が知らない敵国の技術や情報を持ち去るのは、戦争では当たり前のことです。戦時中、ここには米国も知らない貴重な何かがあったのは確かだと思います」

ヨナス谷一帯の軍演習場の司令官を務めたケーニヒ元大尉は、「誰かが全てを持ち去った可能性もある」と語る＝2014年9月、著者撮影

演習場にはまず米国が進攻し、冷戦期はソ連が基地として使用した。アムト10を手中に収めた米ソ両大国だが、その詳細については現在も非公開にしたままだという。果たして軍事上の重要な機密からか。それとも「琥珀の間」があったからなのか。

「演習場責任者だった私の知る限り、『琥珀の間』の存在をうかがわせるものは、特にありませんでした。もし過去にあったとしても、ここには四〇年以上ロシア人が駐留していました。

彼らが持ち去ったことも十分に考えられます」

ケーニヒはそう話し、「琥珀の間」の存在に疑問を投げかける。仮にロシア人が既に持ち去っていた場合、エリツィン大統領が「私は知っている」と発言する根拠にもなる。だがエリツィンは既に世を去り、米国もロシアも情報を公開していない以上、その真相は不明のままだ。

「ヨナス谷の二五本のトンネルは、軍の演習場と直接関係はありません。しかし仮にあそこが本当にヒトラーの防空壕予定地だったとしたら、もっと大掛かりでもおかしくないはずです。やや小さいですよね。一体何のために作られたか。私にもよく分からないのです」

搬入先を示す暗号

ヨナス谷への「琥珀の間」搬入が有力視される理由の一つには、他の重要証言の存在もある。だがこの話は、やや暗号めいている。その証言に登場するのは、ナチス親衛隊（SS）のグスタフ・ヴィストという人物と、その息子ルディだ。

グスタフは一九四七年一〇月に死去する直前、息子ルディに「私は『琥珀の間』を運ぶ作業に従事した」と話していたという。父の死後、息子ルディは遺品を整理していた際、地下室で偶然、父が使っていた革製の地図入れを見つけた。中からは、ケーニヒスベルクの地図などに混じり、驚くべき紙切れが見つかった。

そこにはナチス政権の警察権力のトップを務め、ヒトラーの側近中の側近とされた内相ヒムラーのサインと共に、「琥珀の間」の文字があった。タイプライターで打たれた命令書で、「琥珀の間」を避難させるようにとの指示が記されていた。さらに「木箱四二箱を確かに運搬した」という確認書のような書類もあったという。

ルディは怖くなった。自分の父親がナチス幹部の指示を受けたSSの人間だということを、世間には知られたくない。ナチス高官とのつながりを示す一切の話に、自分は巻き込まれたくない。当時はそう考える市民が多かった。ルディは結局、この紙を焼き捨てた。

その後一九五九年に、東独の有力誌「フライエ・ヴェルト」が「失われた『琥珀の間』について」という記事を掲載した。同誌はこの中で一般読者に対し、広く情報提供を呼び掛けた。

二三歳だったルディは悩んだ。父の遺品の中に、「琥珀の間」が登場するという重大な事実を自分は知っている。迷いに迷った末、ルディはこの話を同誌に明かし、記事は掲載された。

それを知って驚いたのは、東独の「親分」だったソ連だ。KGB（国家保安委員会）は即座にルディの尋問を始めた。ルディは記憶をたどり、紙切れに記されていた内容を次のようなものだったと証言した。

「帝国保安本部宛。司令は遂行完了。『琥珀の間』作戦は終了。BSCHに搬入済み。入り口は命令通り隠蔽。爆破も成功。グスタフ・ヴィスト」

ソ連はこの陳述をタイプライターで打ち、貴重な証言として残した。

ここで問題となるのが「BSCH」の暗号めいた四文字だ。

シュタージのエンケ中佐は、ザクセン州の保養地バート・シュレーマ（Bad Schlema）ではないかと推測した。西ドイツの研究者ゲオルク・シュタインは、「鉱山の縦坑」を指すベルクヴェルクスシャハト（Bergwerksschacht）の略称で、おそらくそれは西ドイツにあると推測した。

一方、旧東独の出版社「ヴィルトシャフト」の元編集者で、かつてエンケ中佐の『「琥珀の間」レポート』を出版したギュンター・ヴェルムッシュは別の説に立つ。それはソ連がタイプした時に起きた「変換ミス」だ。

ソ連製のタイプライターは当時、アラビア数字の「Ⅲ」を、ロシア語のキリル文字の「sch」で代替していたという。このためBSCHは「BⅢ」の可能性もある。または、「B」が「S」の形に似ていることから、ルディがSと見間違え、実際は「SⅢ」だった可能性もある。その場合、ヨナス谷に存在した「SⅢ」（特別建設計画Ⅲ）が有力な候補地になるというのだ。

もちろん証拠となる紙切れをルディが既に焼却してしまったため、文言の確認はできない。もっとも、BSCHがヨナス谷のSⅢを指すとの解釈は、やや「こじつけ」の感もある。いくらなんでも、元々の字面から離れすぎではないか。だがそれでも、「ヨナス谷の歴史・技術を研究する会」のアルト会長が指摘するように、環境としてヨナス谷は悪くない位置にあるのだ。

私は「琥珀の間」に関するシュタージの公文書を連日読み込み、ようやくルディの尋問調書を見つけた。一九七九年一一月九日、尋問は午前九時半から午後二時四五分までテューリンゲン州イエナで実施されている。だが調書では、具体的な運搬先について触れていない。あえてシュタージが書類に残さなかったのか、その意図は不明だが、シュタージは後にルディ発言をやや疑問視する文書も残している。尋問から三年後の一九八二年五月一四日付の文書では「ルディ・ヴィストは一九七九年に尋問を受けたが、矛盾のある陳述をした」と記している。

ヨナス谷一帯は、「琥珀の間」伝説の中でも特に多くの推測を可能とする場所だ。だが、ドイチュノイドルフのように国会議員による村おこしの動きもない旧東独の渓谷は、岩肌に謎のトンネル跡をさらしたまま、静かにたたずんでいる。

だが「琥珀の間」は少なくとも、オーアドルフ演習場やヨナス谷の「近く」まで来ていた。それが、古都ワイマールだ。

ナチス幹部、エーリヒ・コッホ

文豪ゲーテやシラー、音楽家バッハやリストが活躍したワイマールは、ドイツの中でも有数の文化都市としての歴史を持つ。第一次大戦後の一九一九年には、男女平等の普通選挙権や労働者の団体交渉権などを認めた「ワイマール憲法」もこの町で作られた。当時、この憲法は世界で最も民主的と言われ、ドイツ共和国は輝かしい憲法が作られた地名を取り「ワイマール共和国」と呼ばれた。

人口六万の小都市は、一方でドイツ史の影の部分も背負っている。一九三三年に政権を握ったナチスは、この町に「テューリンゲン大管区司令部」を置いた。市の郊外ブーヘンヴァルトには強制収容所も設置し、ユダヤ人ら約六万五〇〇〇人の命を奪っている。

ワイマールは、首都ベルリンから電車で約二時間半で到着する。中央駅前の通りを南に進むと、市の中心部に出る。ワイマール憲法が採択された国民劇場の前には今、古き良き時代の象徴としてゲーテとシラーの像が建ち、その脇の屋台でアイスクリームを食べる若者たちが談笑している。

ワイマールが探索場所として注目される理由には、エーリヒ・コッホという人物の存在がある。「琥珀の間」を巡って登場するナチス幹部の中で、彼ほど謎めいた男はいない。

ドイツ連邦公文書庁の資料によると、コッホは一八九六年、ドイツ西部エルバーフェルト（現ヴッパータール）生まれ。自営業や鉄道職員を経てナチスに入党し、やがてヒトラーの腹心となる。第二次大戦中、「琥珀の間」が一九四四年まで安置されていたドイツ領ケーニヒスベルク（現ロシア・カリーニングラード）を含む重要地域「東プロイセン大管区」の長官を任されていた。

コッホは、ヒトラーや他のナチス幹部同様、美術品収集を趣味としており、高官という立場を利用して、主に占領地ウクライナの美術館や教会から多くの絵画、高価な絨毯、銀製品、聖人の遺品・遺骨など「聖遺物」を略奪した。ユダヤ人を排除するナチス思想の熱狂的な信奉者だった彼は、ユダヤ教の礼拝所「シナゴーグ」からもあらゆる美術品を奪った。

そのコレクションが保管されたのが、ケーニヒスベルクだった。つまり終戦間際のケーニヒスベルクには、この「コッホ・コレクション」と「琥珀の間」が同時に存在していたことになる。そして大管区長官コッホは、その両方を管理する立場にあった。

しかしソ連軍が一九四五年四月、ケーニヒスベルクに踏み込んだ時は、「琥珀の間」も「コッホ・コレクション」も、そしてコッホ自身も既に消えていた。

「コッホ・コレクション」の所在については一つの証言がある。元ナチスの空軍将校アルベルト・ポップによる「コッホ・コレクションをワイマールに運べと命令された」との陳述だ。シュタージは一九八〇年一〇月二七日付の報告書で、「直接または間接」的にでも、「琥珀の間」の略奪・運搬に関与したとみられる人物を七五人リストアップしているが、ポップの名前もこの中にあり、「一九〇四年五月二日ザクセン州ブロッカウ生まれ、一九七八年に西独で死去。SA（ナチス突撃隊）やナチス航空部隊の准将。コッホの収集した芸術品を一九四五年二月にワイマールまで運び、その大半を同年四月に再び持ち去った人物」と記されている。つまりシュタージは、少なくとも「コッホ・コレクション」がワイマールまで運ばれたことはほぼ間違いないと踏んでいたようだ。

記録によると、「コッホ・コレクション」とみられる大量の木箱は一九四五年二月九日、ワイマールに到着した。シュタージは一九八二年五月一四日付報告書で、「琥珀の間」と「コッホ・コレクション」が「一緒に同じ道を通ってきたことも考えられる」と推測している。

ただその後、どうやらこの「大量の木箱」はワイマールからまた別の場所に運ばれたらしいのだ。二ヵ月後の一九四五年四月九〜一〇日、再び貨物列車がどこかに向かって出発したとの記述がある。ドイツ降伏のわずか一ヵ月前という混乱期で、列車がどこに向かったのかは分からない。果たして行き先はどこだったのか。ドイチュノイドルフのあるザクセン州か。それとも、前述のヨナス谷やオーアドルフ基地なのだろうか。

もちろん、ありかを一番よく知っているのはコッホ本人であるのは間違いない。だが一九四五年五月のドイツ降伏後、コッホは姿を消した。連合国軍は戦後も血眼になってコッホの行方を追った。

「私を釈放するなら、ありかを教える」

四年間、コッホは逃げ続けた。だが一九四九年五月、ドイツ北部ハンブルク近郊ハーゼンモアに潜伏していたコッホを英国情報部員が発見し、身柄を拘束した。コッホは逮捕直後、「ソ連には引き渡さないでほしい」と懇願したという。

彼は偽名を使い、庭仕事や養鶏で生計を立てる農民として暮らしていた。一九四九年六月一日付の独紙「ヴィアア・オストプロイセン」（現「プロイスィッシェ・アルゲマイネ新聞」）は、当時の様子を以下のように伝えている。

「コッホは自身だと判別されないよう、あらゆることをしていた。口ひげを長く伸ばし、メガネをかけ、帽子をできるだけ深くかぶるようにしていた。同じ集合住宅に住む東プロイセン出身の家族も、彼が以前の大管区長官だとは全く気付いていなかった」

コッホは逮捕後、重要戦犯としてポーランドに移送される。そして一九五九年三月、ポーランド国民に対する大量虐殺の罪で死刑を宣告された。

だが死刑は執行されず、やがて終身刑に「減刑」された。

終身刑になった表向きの理由は「健康上の理由」だった。だが当然、その本当の背景については憶測を呼ぶことになる。

コッホの直接の逮捕容疑はもちろん虐殺についてだったが、取り調べではむしろ「コッホ・コレクション」と「琥珀の間」についての詳細な尋問を受け、ポーランドとソ連がコッホを熱心に取り調べた。

コッホは当初、

「終戦時、私は非常に忙しく、そんな木箱の移送なんかに時間を割く余裕はなかった」

と頑として口を割らなかったが、やがて態度を変える。そして、

「私を釈放するなら、ありかを教える」

と捜査員に「司法取引」を持ちかけている。

一九八六年一一月一二日、コッホは収監先のポーランドの刑務所内で息を引き取った。

九〇歳だった。文字通り、秘密を墓場まで持って行ったわけだが、死の直前、彼は謎めいた言葉も残している。それは、

「実は私のコレクションがある場所に、『琥珀の間』も存在する」

との言葉だ。

この発言を信じるなら、シュタージの読み通り、「コッホ・コレクション」と「琥珀の間」は今もどこか「同じ場所」で眠っているということになる。

元空軍将校ポップの「コレクションをワイマールに運べと命令された」との証言。そしてコッホが収監中に語った「私のコレクションがある場所に、『琥珀の間』もある」との供述。こうしたヒントの数々が、コレクションは少なくともワイマールにまでは来ていたとの説を補強する。

ユダヤ人の複雑な思い

ワイマールに置かれたテューリンゲン大管区の司令部があった建物は現在、テューリンゲン州政府が使用しているが、この建物前の広場の地下壕を一九六〇年代から私費を投じて捜索したトレジャー・ハンターもいる。九〇年のドイツ統一後は、州政府も公式な予算を付けて探索した時期があった。だがその後、財政上の理由から金銭的支援は打ち切られ

た。ドイツ統一後、生活再建に必死だった当時の旧東独市民にとって、公的資金による宝探しはただの「浪費」に映った面もあり、批判も巻き起こったからだ。その後、公式な調査は実施されていない。

ワイマール近郊のブーヘンヴァルト強制収容所近くに位置するエッタースベルク採石場に「何か」が埋まっていると考える人もいる。採石場の坑道には、ナチスがユダヤ人から略奪した貴金属類が運び込まれ、その多くは戦後、国連管理の下でナチス犠牲者遺族に返還された。だが採石場には今も未踏の坑道が残り、ここに貴重な宝の数々があるとも推測されている。

だがこうした未踏の冒険物語が新聞で取り上げられる度、複雑な思いになるのがユダヤ人だ。宝探しという響きはロマンチックだが、結局、ナチスの財宝は占領地や強制収容所からの収奪品が大半だ。戦時中、さんざんな目に遭わされた被害者側にとって、「宝探し」はつらい過去を思い起こさせる悲しいキーワードでもある。

当時を知るユダヤ人は述懐する。

「エッタースベルク採石場は、私の父親が強制労働させられた場所なんですよ。一九三八年一一月に連行されました。当時、私はまだ七、八歳でした。今もあの場所に立つとつらくて、息苦しくなるんです」

テューリンゲン州ユダヤ人協会会長のヴォルフガング・ノッセン（八一歳）は二〇一二年三月、州都エアフルトのシナゴーグ（ユダヤ教礼拝所）でそう話した。採石場では父親のほか、おじも強制労働をさせられたが、幸いにも二人とも殺害は免れた。だが今も「採石場の宝探し」という響きには抵抗があるという。

「父が連行された一一月なんて、もう採石場には氷のように冷たい風が吹くんです。あんな場所で父もおじも毎日、ひたすら石を運ぶ労働に従事させられた。解放後、父親は別人のようにやせ衰えていました。宝探しと言えば確かに冒険心をくすぐる楽しい響きがありますが、私はもうたくさんです」

私が取材に訪れた日の直前にも、フランス南部トゥールーズでユダヤ人を狙った銃乱射事件が起きたばかりだった。ノッセン会長にとって、ユダヤ人からナチスが収奪した過去の財宝の行方より、今現在もユダヤ人を敵視する反ユダヤ主義者や極右ネオナチの方が気になる。それが正直なところだという。

「確かに財宝が見つかって、それがかつてのユダヤ人のものと確認できて、元の所有者に返還されれば嬉しい限りです。しかし、名前が彫ってあるなど帰属先が分かるものでない限り、現実的には返還は困難ですよ。地球上で現在見つかる財宝は、もうほとんど識別が不可能だと思います」

実際に宝探しに着手すること自体も、確かに容易ではない。テューリンゲン州政府の考古学担当官、カリン・チェヒ博士は言う。

「発掘作業の許可を出すのはいつでも可能です。しかしもちろん、そのためにはきちんとした発掘計画を書類に記載し、私たちに申請をしなくてはなりません。そして費用は当然、自己資金となります」

「宝探し」というロマンチックな響きとは裏腹に、現実は資金捻出作業との闘いだ。会社も経営するハウシュタイン連邦議会議員のように数千万円を投入できる経済力があれば別だが、大抵の人々にとって金銭的なカベは越えられない。自治体の支援や、強力なスポンサーの存在がなければ、宝探しは一時の夢に終わる。その意味で、旧東独による国を挙げての宝探しは大事業だった。

だが実際に、宝探しに関する問い合わせは、今もあるのか。チェヒ博士は「ある」という。

「面白いことに今も時々、お年寄りから電話が来るのです。中身はだいたい似ています。子供の頃、ある夜にナチスの部隊が貨物列車に大量に荷物を詰めているのを見てしまった。あれは何か財宝ではないか。だいたい、そんな内容です。最近も、あるお年寄りが昔、ポーランドでそんな光景を目撃したと言って、思い出したように電話をかけてきました。もちろんポーランドで起きたことは、今はここの管轄ではありません」

チェヒ博士によると、こうした宝の発掘をしたいとの許可申請は、今も年に一件はあるという。だが実際には、誰もが財政難から自主的に探索を打ち切っていく。

「子供の頃、誰もが宝探しを夢見ますよね。私もそうでした。でも現実に宝探しを始めれば、トラブルも多いんですよ。例えば考古学上の発掘に関しても、金属探知機などを使って掘り続けるハンターがいますが、たいてい貴重な発見物を壊してしまったりします。私たちは警察や検察とも協力し、そうした損害を防ごうとしています。正直言って、宝探しにはトラブルが付き物です」

絞れない候補地

「琥珀の間」の探索場所は尽きない。ドイツでは現在も新たな探索が始まると、有力紙も頻繁に報じる。ヴェルト紙は二〇一三年一〇月、地図付きで代表的な一六ヵ所の候補地を掲載した。

以下がそのリストだ。

一、ケーニヒスベルク（現ロシア・カリーニングラード）

市南郊の醸造所

二、グストロフ号撃沈の場所

北緯五五度、東経一七度の海の底

三、コーブルク（バイエルン州）

一九四五年四月に秘密輸送が実施された洞窟や坑道

四、シントベルクの採石場（バイエルン州）

一九四四年から四五年に掘られた坑道

五、ワイマール（テューリンゲン州）

一九四五年に秘密輸送が実施された大管区司令部の地下壕

六、ドイチュノイドルフ（ザクセン州）

爆破された坑道の中

七、ヨナス谷（テューリンゲン州）

総統大本営の坑道の中

八、プファッター（バイエルン州）

一九四五年のワイマールからの輸送の目的地とみられる場所

九、スウォビティ（ポーランド）

城の地下室
一〇、ザールフェルト（テューリンゲン州）
エーリヒ・コッホのためとみられる秘密の地下壕
一一、グロス・フリードリヒスベルク（現ロシア・カリーニングラード）
戦時中のドイツ領東プロイセンのコッホの所有地
一二、アルトアウスゼー（オーストリア）
戦時中に多くの美術品が運ばれた岩塩坑
一三、グラスレーベン（ニーダーザクセン州）
岩塩坑の中
一四、ベルガ・アン・デア・エルスター（テューリンゲン州）
ガソリン工場
一五、バルバロッサ鍾乳洞（テューリンゲン州）
洞窟の中
一六、ヴッパータール（ノルトライン＝ヴェストファーレン州）
工場の地下壕

リストを一覧しただけで、まさに百花繚乱の雰囲気がよく分かる。それほど「琥珀の間」はドイツでは人口に膾炙《かいしや》し、二〇一二年一月のドイツ公共放送ZDFの世論調査では、回答者の六割が「琥珀の間」が今なおどこかに存在すると信じ、三割はいずれ見つかると答えているのだ。

このヴェルト紙のリストにはドイチュノイドルフ、ヨナス谷、ワイマールなども当然のように入っているが、この他に有力な候補地としてよく報じられているのが、リストの中にあるバルト海沖の「グストロフ号撃沈の場所」だ。

一九四五年一月三〇日、ドイツ人避難民らを乗せた客船「ヴィルヘルム・グストロフ」がソ連の潜水艦に撃沈され、海運史上最悪とされる約九〇〇〇人の犠牲者を出した。この船に、実はケーニヒスベルクからひそかに運び込まれた「琥珀の間」が積まれていたとの説もあるのだ。これまでソ連のダイバーらが捜索に当たったが、見つかっていない。

以上が、ナチス財宝伝説の代表格と言える「琥珀の間」を巡る物語だ。この「琥珀の間」も「コッホ・コレクション」も、こうして戦後の混乱期にわずかな痕跡を残したまま、忽然と姿を消し、現在に至っている。

ドイツとロシアの「愛憎」

「琥珀の間」はドイツ人が作り始め、ロシア人が完成させ、ドイツ人が奪い、その後はロシア人もドイツ人も血眼になって行方を探した一大至宝だ。一八世紀からの歴史的な因縁も深く、知名度もあり、いわば財宝伝説の「老舗」のような風格さえ感じさせる。ナチスが略奪した財宝の多くは、ユダヤ人などからの一方的な収奪品という陰惨なイメージが強いが、「琥珀の間」はナチス台頭の遥か以前、プロイセン時代から続く由緒ある宝飾品ということもあり、誤解を恐れずに言えばどこか華やいだ雰囲気に彩られている。「琥珀の間」というロマンチックな名前の響きも、多くの人々の想像力をかき立て、探索にいざなう力を持っているのだろう。

一方でこれほど多くの隠し場所の候補地が指摘されている背景には、ハウシュタイン議員の探索作業に対する一部の批判のように、どこか「町おこし」「話題作り」の側面もあることは間違いない。

二〇一五年三月には、コッホの故郷のドイツ西部ヴッパータールで年金生活者の男性が「琥珀の間」探しを始めたことが大衆紙「ビルト」などで報じられた。この男性は記事中、「出資してくれた人には、発見後に分け前を与えます」と述べているが、私も取材中、「あなたの新聞社の上司に、出資を頼んでくれないか」「探索に投資する金持ちの日本企業や日本人を紹介してほしい」などと頼まれることが何度かあった。こうした「出資者募集」の話も、宝探しには何かと付いて回る現象だ。

取材中、私がつくづく感じたのはドイツとロシアの深い因縁だ。両国は第二次大戦のように宿敵だった時期もあるが、もともと「琥珀の間」はドイツがロシアに友好的に寄贈したものだ。戦後の東西冷戦期、ドイツは国土が分断されたが、今なお旧東独には社会主義時代を懐かしみ、旧ソ連やロシアに深い共感を寄せる人々も多い。近年はロシア産天然ガスに頼らざるを得ないドイツの資源事情もあり、経済活動という観点からもその関係は一筋縄ではいかない。「愛憎」に近い感情が両国民にあるのは確かだ。

私がベルリン支局に在任し、「琥珀の間」を取材していた時期は、ちょうど旧ソ連・ウクライナを舞台にした欧米とロシアの争いが激化した時期と重なっている。欧米サイドを代表する交渉の中心人物は常にドイツのメルケル首相だったが、彼女はロシア語をよく理解し、一方のプーチン大統領はドイツ語に堪能で、時には通訳なしで協議する間柄でもある。

二〇一四年二月、親欧米派と親ロシア派の対立に端を発したウクライナの政変で、親露的な政権が崩壊すると、プーチン大統領は強硬な巻き返しに打って出る。翌三月にはロシア系住民の多いウクライナ南部クリミア半島をほぼ強制的にロシア領に「編入」し、ウクライナを何としても自身の勢力圏として死守する構えを国際社会に示したのだ。その後、親露派の武装勢力はウクライナ東部でウクライナ政府軍と衝突を繰り返し、事実上の内戦状態に突入した。私は銃弾の跡も生々しい首都キエフや、戦闘が続く東部ドネツク、国境の町ノボアゾフスクなど、在任中に何度かウクライナ各地を訪れて現場取材に当たったが、プーチン大統領の強硬姿勢を見るにつけ、なぜそこまでしてウクライナを死守したいのか、いつも最後は素朴な疑問に突き当たった。そんな時、あるドイツ人政治学者の言葉が妙に印象に残った。

「要するに、理由はプーチンの恐怖心ですよ。ドイツなど西欧の人々にとって、ロシア人は本当に怖い。でも同じように、ロシア人もドイツ人が怖くて怖くて仕方ないんです」

プーチン大統領はもともとKGBに勤務していた情報員だった。彼が冷戦末期の一九八〇年代に赴任していたのが、旧東独のドレスデン。かつて森鷗外も学び、ザクセン王国の中心地として栄えた美しい古都だ。プーチンがちょうどこの町にいた一九八九年一一月、「ベルリンの壁」が崩壊した。当時三七歳だった若きスパイは、市民が一夜にして体制を変えてしまう怖さをおそらく肌で感じたのだろう。

「西側諸国が自分たちの領土に迫って来る。その勢いというものを、実はプーチンは目の当たりにしているのです。ウクライナ死守は、そんな小心者の彼の恐怖心の裏返し。原点は、若き日の『ドイツ体験』にあるのです」

プーチンが通ったというバーは今もドレスデン市内に残る。彼が好きだったのが、「ラーデベルガー・ピルスナー」という地ビールで、独特の苦みがくせになる味だ。だがプーチンはこの美酒さえ決して暴飲せず、酔うことなく、常に何かを考えながら、ちびちびと口に運んでいたという。

そんなプーチンが東独にいた当時、まさにKGBの彼の同僚が、同時に「琥珀の間」を追っていたのだ。そして大統領の先輩であるエリツィンは実際、「琥珀の間」についてわざわざ記者会見でも言及している。ウクライナを巡って、プーチン大統領がメルケル首相と会談する様子を見ながら、私は「琥珀の間」がつなぐそんな独露間の深い因縁をよく思い出していた。

そのメルケル政権与党の国会議員として、「琥珀の間」を追い続けていたハウシュタイン議員が属する自由民主党は、二〇一三年九月の連邦議会選挙で議席を失い、彼も落選してしまった。その後、ハウシュタインは地元ドイチュノイドルフで村長を務めながら、今も探索を続けている。

ナチス財宝研究家のハッテンハウアーからは今も時々、メールが来る。有力候補地が、そろそろ見つかりそうだという。

これまで紹介してきたように、「琥珀の間」のありかを示すヒントは決してゼロではない。だが決定的な証拠に欠ける。その絶妙な具合が、かえって人々の冒険心、闘争心をかき立てる。

一八世紀以降、ドイツとロシアの近現代史に翻弄された至宝。二一世紀の今もなお、多くのハンターがその謎解きに挑んでいる。

第三章　ナチス残党と「闇の組織」

ナチスの残党と財宝伝説

第二次大戦でドイツが降伏した一九四五年五月八日以降、一つの噂が広まった。死亡したはずのヒトラーが、実は生きているというものだ。

ヒトラーは四五年四月三〇日、ベルリンの総統地下壕（Führerbunker／フューラーブンカー）で自殺した。この歴史的事実は揺るがない。だが戦後、数多くの「逃亡説」「生存説」が語られた。

ナチスによる財宝略奪という蛮行は、常に陰謀論と隣り合わせだ。発見されない略奪品は、今もナチスの「闇の勢力」がどこかに隠し持っている。男たちは巨額の財宝を手にして逃げ延び、生き延びたヒトラーと共に戦後のナチス再建に備えた。そんな荒唐無稽とも思える筋書きは一方で、都市伝説として笑い飛ばせず、どこかで無視できない奇妙な引力も持ち合わせている。

実際、第三帝国の崩壊から戦後にかけて、多くのナチス戦犯がドイツからの脱出に成功したのは事実だ。ナチスに資産を奪われた被害者たちは戦犯追及と共に、この莫大な資産の隠匿についても早くから注目してきた。映画や小説の筋書きではお馴染みの「財宝を元手に、第四帝国の建設を企むナチスの残党」というイメージは、全てが空想の産物というわけではない。

戦犯追及で有名なユダヤ人のジーモン・ヴィーゼンタール（一九〇八〜二〇〇五）は自身の著書などで、ナチス政権下の企業家らが終戦前の一九四四年八月、フランス北東部ストラスブールのホテルにひそかに集まり、略奪した財宝などの資産を外国に移して温存させる計画を練っていたと主張している。ナチスがこのように資産を隠したり、外国に移管したりした総額は四〇億金マルクに上るという。金マルクとは、金と交換できる金本位制の通貨で、二〇世紀初頭までドイツで流通していた。四〇億金マルクは、主に流通していた第一次大戦ごろまでの貨幣価値を考慮に入れ、ドイツ連邦銀行などの資料を基に換算すると、現在の二〇〇億ユーロ（約二兆六〇〇〇億円）前後となる。こうした莫大な資金が、いわばナチス残党の「逃走支援」のために使われたという。

この会合が本当に実施されたのか、巨額の資金は移転されたのか。ヴィーゼンタールの主張には異論もあるが、いずれにせよ、ナチスの残党が戦後も生き延びることができた背景には、相応の資金の存在があったと考えるのはむしろ自然だろう。財宝伝説の流布は、こうしたナチス残党の逃亡劇の副産物という面もある。本章では、戦後に各地で財宝伝説が生まれる背景となったこの残党の逃走を巡るドラマを追ってみたい。

まず、その出発点ともいえるのが、ヒトラー自身が命を絶った地下壕だ。

ヒトラーは生き延びた？

ベルリン中心部のブランデンブルク門から程近い場所に、虐殺されたユダヤ人を追悼するホロコースト記念碑（Denkmal für die ermordeten Juden Europas）がある。高さの異なる約二七〇〇基の石碑が建ち並んでおり、ベルリンの観光スポットの一つだ。だがこの裏手にあるゲルトルート・コルマール通りを訪れる人は少ない。何の変哲もない集合住宅があるだけなので、無理もない。だが集合住宅の前の案内板をよく読めば、ここにはかつて、ヒトラーが最期を迎えた総統地下壕があったことが分かる。

地下壕は空襲に耐えられるよう厚さ四メートルのコンクリートで防御され、深さは一〇メートル前後あったと伝えられている。地下は三〇以上の部屋で仕切られていた。

一九四五年四月三〇日、ヒトラーが「千年帝国」と豪語したナチス・ドイツの首都はソ連に包囲され、陥落の時を迎えていた。砲撃の中、既にベルリン中心部のティーアガルテン地区が占領され、総統地下壕に近いフリードリヒ通り、フォス通りの一部もソ連軍の手に落ちたとの知らせが入ってきた。

ヒトラーは三〇日午後二時ごろ、最後の昼食をとった。トマトソースのスパゲッティだったという。自殺を決意していたヒトラーはその後、地下壕に残った官房長官兼総統秘書ボルマンや宣伝相ゲッベルス、陸軍参謀総長クレプス、秘書の女性たちと一人ひとり握手して回った。腹心だった内相ヒムラーや国家元帥ゲーリングはこの時、既にベルリンを脱出しており、ヒトラーは残ったわずかな側近たちと防空壕の中にいた。

この直前に、ヒトラーは恋人のエヴァ・ブラウンと、防空壕の中でささやかな「結婚式」を挙げている。新郎は五六歳、新婦は三三歳だった。

ヒトラーは自殺前、自身の遺体をガソリンで焼却するよう側近に指示しており、既に一八〇リットルのガソリンが地下壕に届けられていた。遺体が発見された場合、どのような辱めを受けるかヒトラーはよく分かっていた。二日前の四月二八日、イタリアの独裁者ムッソリーニはパルチザンに捕えられ銃殺されており、遺体が翌二九日にミラノの広場で逆さ吊りにされている。プライドの高いヒトラーにとって、自身の遺体がこのような運命をたどることは耐え難い屈辱だった。

ヒトラーとエヴァ・ブラウン。撮影時期不明

ヒトラーが自殺した総統地下壕。米兵が調査したところ室内は道具類が散乱し、放火したあとも見られた。撮影時期不明

ヒトラー夫妻が部屋に入ったのは、午後三時二〇分ごろ。廊下には、ナチス親衛隊（ＳＳ）の兵士が待機していた。

入室して一〇分ほどたった午後三時三〇分ごろ、一発の銃声が響いた。兵士が部屋に入ると、ヒトラーは血まみれになってソファに横たわっていた。頭部に引き金を引いたとみられる姿で、明らかに即死だった。妻エヴァはその脇に倒れ、既に死亡していた。彼女は青酸カリを飲んだことが判明している。

兵士たちは二人の遺体を毛布にくるみ、庭に運び出した。そして用意されたガソリンをかけ、焼却した。その二日後の五月二日、ソ連軍はベルリンを占領した。

地下壕の現場に踏み込んだソ連軍は炭化して判別のつかない遺体を発見し、燃えずに残っていた歯型から、ヒトラー本人と「確認」した。こうして千年帝国を夢見た独裁者は、世を去った。

ここまでが、史実とされるヒトラーの死の経緯だ。

ヒトラーの死についての検証は戦後、ソ連だけでなく英国も実施している。その捜査責任者が、ヒュー・トレヴァ＝ローパー大尉だ。彼は連合軍の捕虜になったナチスの兵士らから事情聴取し、一九四七年にその経緯を著書『ヒトラー最期の日』（橋本福夫訳、筑摩叢書）にまとめた。

ソ連軍が回収したとされるヒトラーの焼死体

トレヴァ＝ローパー大尉の見解では、ヒトラーは口の中でピストルの引き金を引いた「拳銃自殺」をしたことになっている。だが銃声を聞いて部屋に入ったSSのハインツ・リンゲ中佐は後に、ヒトラーがピストルを撃った箇所は「左のこめかみだった」と証言し、一方で「銃声など聞こえなかった」との証言もあるなど、意外なほど当時の状況説明は一貫していない。

無理もない。実は、誰もヒトラーの死の瞬間を見ていないのだ。ヒトラーは妻と二人だけで自殺し、銃声後に側近が部屋に入ったため、すべては完全な「密室」での出来事だった。さらに、最初に地下壕に踏み込んだソ連軍は遺体を回収し、目撃者の多くを捕虜として連行してしまった。このため、英国による「現場検証」が不十分なのも事実だ。そしてソ連は戦後、英国の捜査にほとんど協力的な態度を示さなかった。

「この書を書くことになった今度の調査の本来の目的は、ヒトラーの死の事実を立証し、そうすることによって神話の増殖を防止する点にあった」

トレヴァ＝ローパー大尉はそう記した。この本が世に出た一九四七年当時、ヒトラー生存説は根強く世界に流布しており、英国は何としてもヒトラーの死に疑問の余地がないことを国際社会に示す必要があった。ナチス体制を信奉する残党たちが、何をしでかすか分からない。そんな懸念もあったからだ。

だが一九六八年、ソ連の元将校レフ・ベジュメンスキーは衝撃的な発表をする。「ヒトラーは青酸カリで自殺した」。英国の調査に異議を唱える内容で、「拳銃自殺」が死因とする見解への挑戦だった。

こうした食い違いが、ますます「ヒトラーは本当に死なず、生き延びたのではないか」という疑惑を増幅させることになる。遺体は「影武者」で、本人はひそかに逃亡した。そんな説がまことしやかに囁かれた。

この説を戦後も信じ込んでいた首脳がいた。ソ連の指導者スターリンだ。

スターリンの「ヒトラー生存説」

ベルリンから電車とバスを乗り継ぎ、約一時間強。ポツダムにあるツェツィリエンホーフ宮殿は、ドイツ降伏後の戦後処理を協議したポツダム会談が開かれた場所だ。期間は一九四五年七月一七日から八月二日まで約三週間に及んだ。

「ヒトラーは生きている」。スターリンが米英首脳を前にそう訴えたポツダム会談の議場は、今も当時のまま保存されている＝2011年9月、著者撮影

当時、ベルリンは既に廃墟となり、会議を開催できる建物や宿舎がほとんど残っていなかった。だがベルリンから約三〇キロ西のこの町には、二〇世紀初めにドイツ帝国皇太子ヴィルヘルムとその妃ツェツィリエのために建てられた宮殿が無傷のまま残っていた。このため、連合国が一堂に会する絶好の場所として選ばれた。

トルーマン米大統領、チャーチル英首相（途中からアトリー首相）、スターリン・ソ連共産党書記長が会談した円卓は現在、一般公開されており、当時

ヨシフ・スターリン　ソ連共産党書記長（1879–1953、在任 1922–53）

の様子を知ることができる。

ポツダムは、日本人にとって複雑な思いになる場所だ。戦争を継続する日本への降伏を呼びかける「ポツダム宣言」を発表する一方で、米国がひそかに日本への原爆投下を決定したのが、このポツダム会談の期間中だったからだ。

会談の最中、三ヵ国は「ナチス戦犯に対する裁判を速やかに開始する」意向で一致した。英国はその重要戦犯リストを示したが、ここでソ連が奇妙な態度に出る。リストの中にヒトラーの名前がないことについて、スターリンが疑義を唱えたのだ。もちろんヒトラーの死亡は既にこの時点で世界中に知られている。だが発言記録によると、スターリンは七月三一日の会談でこう発言している。

「しかし彼（ヒトラー）は、我々の手にないではないか」

米英側も、こうした発言に当惑したようだ。一九六八年七月のツァイト紙によると、ポツダム会談中の七月一七日のランチの際にも、スターリンは、

「ヒトラーは生きており、スペインかアルゼンチンに逃亡した」

と主張し、トルーマンを困惑させたという。

実はスターリンはドイツ降伏の直後にも、「ヒトラー生存説」を米国に吐露し、その感触を探っている。ドイツの有力週刊誌「シュテルン」などで活躍したジャーナリスト、ウルリヒ・フェルクラインが編んだ『ヒトラーの死』"Hitlers Tod"によると、ヒトラーの死から約一ヵ月後の一九四五年五月二六日、米大統領の特使ハリー・ホプキンズがモスクワを訪れ、スターリンと面会した。この時の発言記録では、スターリンはホプキンズ特使に、「ヒトラーは生きている。側近のボルマンらと共に逃げ延びている。あいつは人が考える以上に抜け目ない野郎だ」

と言い切っている。そして、「ヒトラーは日本にいるのではないか」と述べ、その根拠として、ドイツと日本を結ぶ三、四隻の大きなUボート（潜水艦）を当時のドイツが持っていたと述べている。

もちろんナチスは降伏する際、ヒトラーの死を連合国側に報告している。その役割を担ったのは、武官としてモスクワ駐在経験もあり、ロシア語に堪能なドイツ陸軍参謀総長のハンス・クレプス将軍だった。ヒトラーが自殺した四月三〇日の夜、つまり日付では五月一日の未明になった頃、将軍はゲッベルスとボルマンの手紙を携えて、ベルリン市内のソ連司令部を訪ねる。ここでクレプス将軍は、ヒトラーの自殺を伝え、ソ連と正式に和平交渉に入りたいと申し出た。

「遺体はどこにあるのか」

とのソ連側の問いに、クレプス将軍は

「ベルリンにある。遺言に基づき、焼かれた」

と答えたが、ソ連の兵士たちはこの発言をその場では信じていなかったという。

ヒトラーの死は、即座にモスクワに伝えられた。だが和平交渉を求めるクレプス将軍に対し、ソ連はあくまで無条件降伏を要求し、結局、話し合いは決裂した。総統地下壕に戻ったクレプス将軍はその夜、交渉失敗の責任を取って自殺した。

「ヒトラー死亡」の情報は、すぐにスターリンに伝えられた。この時スターリンは、

「あの卑劣な野郎が、やっと死んだか。生け捕りにしたかったのに残念だ」

とつぶやいたという。

だがスターリンはその後、徐々にヒトラー生存説に傾くようになる。猜疑心《さいぎしん》の強かったスターリン特有の思い込みとの説もあるが、ヒトラーの死について重大情報を持っていると見せかけ、最後まで米英を揺さぶる「外交カード」として使おうとしたのかもしれない。スターリンの真意は不明だが、確かなのは、冷戦を通じてソ連はヒトラーの遺体について厳しい情報統制を敷いていたという事実だ。

ヒトラーや妻エヴァの遺骨は、戦後にソ連が駐留していた東ドイツのマクデブルクの基

地に保管された。やがてこの基地が東独に返還されることになったため、後にソ連共産党書記長となるKGB議長アンドロポフが、遺骨の撤去を提案した。東独返還後、ヒトラーを神聖視する人々の「聖地」となってしまう懸念があったからだ。

こうして一九七〇年四月、ソ連軍はヒトラー夫妻、ゲッベルス夫妻とその子供たちとみられる一〇体ほどの遺骨を焼き払い、灰にしてマクデブルク近郊の川にまいた。

遺骨が語る真相

ヒトラーの頭蓋骨を鑑定した犯罪科学者ベネッケ博士＝2014年2月、著者撮影

ヒトラーの死がミステリアスに語られる背景には、結局、遺体を直接見た人間が極端に少ないという事情がある。だが冷戦終結後、真相についても徐々に謎が解け始める。一九九三年にロシア政府は、モスクワにヒトラーの頭蓋骨の一部を保管していると発表した。

ドイツ西部ケルンに、この骨を鑑定した人物がいる。長年、警察の鑑識作業にも協力してきた犯罪科学者マーク・ベネッケ博士（四四歳）だ。博士は、骨相など生物学的な特徴から遺体の状況を調べるスペシャリストで、「法医昆虫学者」としても有名だ。死体に群がるハエなどを分析し、死後の経過時間や死因の推定を得意とする。博士がモスクワの国立文書館に保管されていた頭蓋骨を鑑定したのは、二〇〇一年だった。

「ナチスの残党は戦後、多くが南米に逃亡しました。これは歴史的事実です。今だってナチスの子孫はおそらく南米で暮らしていますよ。でもヒトラー逃亡説に関してはさすがに本気で信じている人間に出会ったことはないですね。私が子供の頃、よく耳にしたヒトラーの潜伏先は二ヵ所あります。アルゼンチンと日本ですよ」

ベネッケ博士が「日本」に言及し、私も思わず苦笑した。こうした典型的な「都市伝説」を真に受けている研究者はさすがにいないらしいが、噂が消えない一つの理由には、やはり死を巡る状況の不透明さがある。

ベネッケ博士は頭蓋骨そのものに加え、その歯列、そして自殺時にヒトラーの部屋にあったソファの一部などを徹底的に調べた。そして、生前の一九四四年にヒトラーの歯型を撮影したレントゲン写真と比較してみた。

「歯型は、確かにヒトラーのものと一致しました。ヒトラーの当時のかかりつけだった歯科医が、歯型の石膏を残していたことも幸いしました」

博士は徹底的に歯にこだわった。博士の調査に協力したスイスの学者は、ナチス政権下で多くの記録映画を撮影した女性映画監督レニ・リーフェンシュタール（一九〇二〜二〇〇三）の作品を何本も見て、ヒトラーが画面に映った際、太陽に反射して光る歯の角度までチェックしたという。

「多くの証拠を調べ、間違いなくヒトラー本人の頭蓋骨だと結論付けました。あとは死因ですね。頭蓋骨の上部に開いた一センチ未満の穴は、銃弾の跡です。この穴は銃弾が外に出て行く時の穴で、下から上に向かって貫通しています。つまり、口の中にピストルを上向きに入れて引き金を引き、弾丸が頭蓋骨の上の方を貫通したという自殺の状況は間違いありません」

では、服毒説は誤りなのか。博士はこれについても興味深い見解を述べる。

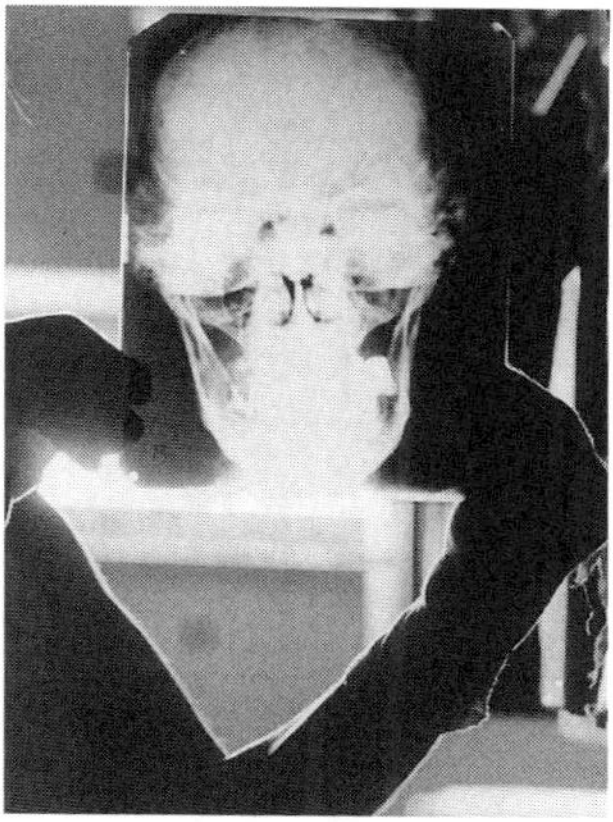
1944年の暗殺未遂事件の際に撮られたヒトラーの頭部レントゲン写真。1995年ロンドン公文書博物館で見つかったもの

「確かに、服毒説も根強いのは事実です。ヒトラーの遺体を最初に鑑定したとされるロシア人軍医は、苦いアーモンドのような臭いがしたと証言していますが、これは青酸カリ特有の臭いです」

ベネッケ博士はモスクワで、「ヒトラー服毒自殺説」を唱えた元ソ連軍将校レフ・ベジュメンスキー本人と会い、真意を聞いてみたという。

　ベジュメンスキーは、ヒトラーの遺体から青酸カリの臭いがしたこと自体は、おそらく事実だろうと述べたという。ベネッケ博士もそれについては実は同意見だ。青酸カリを飲んだ後、拳銃自殺した可能性も十分にあるため、ベジュメンスキーは当時、ウソをついたわけではないとベネッケ博士は確信している。では、なぜソ連は「服毒自殺」を強調したのか。ベジュメンスキーと話し、ようやくその謎が解けたという。それは一種のプロパガンダだった。

「私たちはこの件について随分と話し込みました。ベジュメンスキーによれば、戦後、スターリンにはある思い込みがあったそうです。それは、勇敢な兵士は拳銃自殺し、服毒自殺は『弱い男のすること』だという思い込みです。宿敵ヒトラーを憎み抜いたスターリンは、あくまでヒトラーを弱い男にしたかった。それが戦後、ソ連が服毒説を後押しした背景でした。ベジュメンスキーが服毒説を主張する本を書いたのは、あくまでソ連当局がそう書いてほしいと願っていたからです」

　スターリンが一九五三年に死亡した後も、こうして長く「ヒトラー服毒説」はソ連で生き残ったのだ。

　長年の「死因論争」にようやく決着が付くかと思われたが、実はこの話、まだ続きがある。米コネチカット大学の研究チームは二〇〇九年、「この頭蓋骨は四〇歳以下の女性の可能性がある」との説を発表し、話題を呼んだ。

ヒトラーの頭部から下の遺体は戦後、前述のように旧東独で灰にされ、川にまかれた。だがこの頭蓋骨については今も新説が現れては消え、また現れる。

ナチス戦犯の追跡

ヒトラーは確かに死んだ。だが戦後、ナチスの残党は生き残り、今なお世界のどこかに潜伏している。かつて略奪した莫大な財宝を資金源として、ひそかに第三帝国の復活を願っている。そんな噂は今も好んで流される。

この伝説が広く流布したきっかけの一つには、英国の作家フレデリック・フォーサイスの小説『オデッサ・ファイル』の影響が挙げられるだろう。

フランスのド・ゴール大統領暗殺作戦をテーマにした『ジャッカルの日』で有名なフォーサイスは、一九七二年の代表作『オデッサ・ファイル』で、ナチス親衛隊（SS）の生き残りが連合国の追及を逃れる様子を扱った。作品は、西ドイツのルポライターが一人のユダヤ人の老人が残した日記を偶然読み、かつて自分の父親を殺した元SSの存在を知る場面から始まる。そして戦犯が逃走できた背景には、彼らを手助けする秘密組織「オデッサ」の存在があったことが判明する。このような筋書きだ。オデッサとは「元ナチス親衛隊員の組織」(Organisation der ehemaligen SS-Angehörigen) のドイツ語の略語だ。

他のフォーサイスの作品同様、この小説も綿密な取材に裏打ちされたリアリティある描写で、ストーリーも圧倒的に面白い。一九七四年には映画化もされている。だが小説が売れ始めた当初から、一つの噂が既に流れていた。「オデッサ」は、実在するのではないか——。

この説を早くから唱えてきたのが、本章の冒頭で紹介したユダヤ人ジーモン・ヴィーゼンタールだ。米国のロサンゼルスに本部を置くユダヤ人の人権擁護団体サイモン・ウィーゼンタール・センターは、英語風の呼び方の彼の名にちなんだものだ。

ヴィーゼンタールはオーストリア・ハンガリー帝国支配下のガリツィア地方ブチャチ(現ウクライナ西部)に生まれたユダヤ人で、ナチス政権時代は強制収容所生活を経験している。建築家を志し、地元の工科大学への進学を希望したが、当時のユダヤ人受け入れ枠制限のために入学できず、プラハの工科大学に進む。

第二次大戦中、ヴィーゼンタールはブーヘンヴァルトやマウトハウゼンなどの強制収容所に収容される。妻と離れ離れとなりながらどうにか生き延びたが、夫妻の親族は八〇人以上がホロコーストの犠牲になった。戦後に生まれた娘が九歳になった時、「学校の友達は皆、おじいちゃんやおばあちゃん、親戚がいるのに、なぜうちは誰もいないの？」と尋ねられ、返す言葉がなかったという。

戦後、ヴィーゼンタールはユダヤ人脈を駆使し、ナチス戦犯の追跡に生涯を捧げる。特に有名なのが、数百万人を強制収容所に送る指揮を取った元ＳＳ中佐アドルフ・アイヒマンの追跡だ。

ヴィーゼンタールは一九五三年、アイヒマンがアルゼンチンに潜伏しているとの情報をキャッチし、在ウィーンのイスラエル大使館経由でイスラエル本国に連絡する。イスラエルは言わずと知れたユダヤ人国家だ。当時、ＦＢＩ（米連邦捜査局）は「アイヒマンはシリアに隠れている」と思っていたらしいが、ヴィーゼンタールの情報はやはり正しかった。結局、アイヒマンはアルゼンチンの首都ブエノスアイレスに「リカルド・クレメント」の偽名で潜伏していることが判明する。

アルゼンチンに潜伏していたナチス戦犯、元ＳＳ中佐アドルフ・アイヒマン（1906-62）

記念日祝いが致命的ミスに

こうした情報を受け、イスラエルの情報機関モサドはやがてブエノスアイレスで家族と共に暮らすアイヒマンらしき人物の行動確認を始める。そして本人だとの確信を深めたのは一九六〇年三月二一日だった。この日、アイヒマンは普段立ち寄らない花屋に入り、花を買って自宅に帰った。この日はアイヒマンの二五回目の結婚記念日で、花束は妻へのプレゼントだと推測された。

間違いない。偽名は使っているが、結婚記念日まではごまかせない。本人だ。モサドはそう確信し、約二ヵ月後、アイヒマンを拘束してイスラエルに連行した。

このあたりが、やはり誕生日や記念日を疎かにできない律儀なドイツ人らしい「失策」だ。かつて東独秘密警察シュタージのスパイとして、ブラント西独首相の秘書にまで上り詰めたギュンター・ギヨーム（一九二七～九五）の正体が露見したきっかけも、やはり「記念日」だった。シュタージは誕生日祝いのメッセージを毎年、西独潜伏中のギヨームに暗号無線で送信していた。西独側は既に一九五〇年代から、二月生まれの「誰か」にこの無線が送られていることをキャッチしていたが、当然のことながら祝福された側は偽名だったため、なかなか人物特定には至らなかった。

だがシュタージは致命的なミスを犯す。一〇月生まれの妻と、夫妻の四月生まれの息子にも、同様に祝福無線を送ってしまったのだ。こうして家族三人の誕生日の組み合わせが浮かび上がる。やがて内偵を始めた西独捜査当局は首相補佐官ギヨームを「東のスパイ」と確信し、一九七四年四月に逮捕した。

非人間的な盗聴や監視活動で東独国民と西側首脳を震え上がらせたスパイ組織が、皮肉なことに結構「人間味」あるミスでボロを出した。この逮捕劇の翌月、ブラント西独首相は引責辞任に追い込まれる。

余談だが、ドイツ人は誕生日や記念日を実に大切にする人たちだ。私も特派員として実際にドイツに赴任するまでは想像もつかなかったが、例えばドイツの職場では同僚の誕生日に、たとえ勤務中でも飲み物を出して祝うことが珍しくない。ベルリンの公立小学校に通っていた娘もクラスメートの誕生会に頻繁に呼ばれたが、時折、こうした娘の友人の「親」の誕生パーティーにまで私がなぜか呼ばれ、驚くこともあった。誘われれば嬉しいものだが、毎週末、必ず誰かの誕生会が予定されているスケジュールというものは、おそらく平均的な日本人の感覚からすれば確実に疲れてしまう。実際にドイツの捜査関係者によると、ドイツ人の戦犯やスパイの捜査で決定的に重要なのが、やはり「誕生日」「記念日」の行動確認だという。

「律儀なドイツ人は記念日を重視する。どれだけ正体を隠しても、ドイツ人である限り、必ず足がつく行動をする」

捜査関係者はそう話すが、この捜査手法は、相手がナチス戦犯でも旧東独スパイでもきっと同じだったのだろう。

さて、イスラエルの情報機関モサドによるアイヒマンの身柄拘束は、アルゼンチン当局には一切知らせずに遂行された。このためイスラエル政府は後にアルゼンチン政府から「主権侵害」と猛抗議を受ける。アイヒマンはその後、イスラエルで人道に対する罪などで起訴され、死刑判決を受けた後、一九六二年五月三一日にラムラ刑務所で絞首刑に処せられた。五六歳だった。

アイヒマン裁判を通じ、ヴィーゼンタールの名声は一気に高まった。彼が主張する「オデッサ」の存在も、こうして戦後は真実味を持って語られるようになる。

逃走を手助けした国際赤十字

本当に逃走者支援組織は存在したのか。

こうした経緯に詳しい人物がいる。今なおナチス戦犯の訴追を目指して捜査を続ける「ナチス犯罪解明のための司法行政中央本部」(Zentrale Stelle der Landesjustizverwaltungen zur Aufklärung nationalsozialistischer Verbrechen／ドイツ南部ルートヴィヒスブルク、通称ナチス犯罪追及センター）のクルト・シュリム主任検事（六四歳）だ。本人はナチス・ハンターと呼ばれるのを好まない。ただ仕事をしているだけだと強調する。

「こうしたグループがどのように組織され、財政支援を受けているかは公にはなっていません。ですが支援組織は過去に存在し、今もあります」

シュリム検事はそう断言し、法廷で自身が経験した一件の例を話した。

「例えば、シュヴァムベルガーの件です」

ナチス戦犯の捜査を続けるシュリム検事。「戦犯の支援組織は存在する」と話す＝2014年5月、著者撮影

ヨゼフ・シュヴァムベルガーは元ＳＳ軍曹で、戦後はアルゼンチンに逃げていた人物だが、一九九〇年にドイツに移送された。シュリム検事はこの起訴手続きや公判を担当した。九二年、シュトゥットガルト地裁はシュヴァムベルガー被告に対し、強制収容所での六五〇人の殺害に関与したとして、殺人罪などで終身刑判決を言い渡す。彼は収監中の二〇〇四年、九二歳で死亡した。

「シュヴァムベルガーは移送された当初、全く資産のない状態の男で、裁判中も当初は国選弁護人が二人付いただけでした。しかし途中から一人の私選弁護人が登場しました。バイエルン州出身の弁護士で、誰かがこの莫大な法廷費用を支払ったことは間違いありません。支払い主は誰なのか、突き止めることはできませんでしたが、私はこの時、支援組織の存在を確信しました。もちろん現在はそうした組織は縮小化されているでしょうが、今も確実にそれは存在するのです」

シュリム検事はその後も戦犯追跡に関わり、現在もナチス幹部の逃亡先とみられる南米に頻繁に出張し、現地の捜査記録を照会し続けている。だがそれは「非常に難しい作業だ」という。

「多くのナチス戦犯が戦後、南米に向かったことは既によく知られています。しかしこれまで、一度たりとも現地で組織的な捜査が行われた形跡はないのです。現地では、かつて犯罪に手を染めた『可能性がある』というだけでは、わざわざ捜査に乗り出しません。戦犯をドイツに移送することに乗り気でない国もいくつかあります。南米各国との共同作業は実に難しいのです」

二〇〇三年、シュリム検事はドイツの新聞記事に目を留める。アルゼンチン政府が、ナチス関連ファイルの公開を決めたとの内容だ。早速問い合わせると、閲覧が許可された。勇んで首都ブエノスアイレスに向かったが、文書はアイヒマンや医師ヨゼフ・メンゲレなど既に判決が下ったり、死亡したりしている「過去の人」のデータばかりで、大いに失望する内容だったという。

「しかし現地では一つの事実を確認しました。それは、戦犯たちが正式なパスポートではなく、国際赤十字発行のパスポートで渡航していたということです。私はまず、一九四五〜五四年までアルゼンチンに移住した人々を調べ、どのような入国許可証を使ったかを確かめようと思いました。しかしアルゼンチン当局から示されたのは八〇万件というあまりに膨大な文書です。しかも男女別や出身地別、住所別などに整理されておらず、年代順に並べただけの資料でした。アルゼンチンの捜査はあきらめたくない。しかし、まずは作業しやすい別の国に集中しようと思いました」

シュリム検事が次に調べたのはウルグアイとチリだった。ウルグアイはアルゼンチンに比べて対象文書が少なく、やりやすいように思えたが、どのような入国許可証を使用したかの記録が欠落していた。チリでは興味深い人物の記録を探し出すことに成功したが、既に死亡していた。そして最近はブラジルでの調査に集中しているが、ブラジルにも難儀な点がある。一九六〇年までリオデジャネイロに首都があり、その後ブラジリアに移ったため、書類が分散し過ぎているという。「ただ、興味深い名前もありますよ。ブラジルでの捜査はここ数年ほど続けています」

捜査は、時間との闘いでもある。南米は国ごとに文書の分類方法も異なり、捜査環境が整っているとは言い難い。地道な作業の繰り返しだという。

ナチス戦犯には、国際赤十字が多数のパスポートを発給していた。また、カトリック教会の一部がナチス残党の逃亡を手助けしたこともよく知られている。こうした責任について、捜査当局としてはどう考えているのか。

シュリム検事の見解は「既に罪には問えない」というものだ。

「逃走を助けたとしても、既にあまりに時間が経ちすぎて時効になっており、法的手続きは無理です。具体的な当時の状況も説明できないため、特定の人物に有罪を言い渡すことはできません。教会でも赤十字でもそうです」

戦火の中で財産を失い、身一つになった人々は当時、身分証明書どころではなかった。赤十字はむしろこうした人々の移住を手助けするため、善意で多くの証明書を発行したケースが多い。こうした申請者の中にナチス高官が紛れ込んでいたとしても、とても気付くことはできなかっただろう。検事はそう推測する。

「戦時中は何万人もの人々が、身分証明書をなくしました。当然のことながら、戦争犯罪に全く無関係の人々が大半でした。こうした人々は赤十字に頼り、当時は比較的容易にパスポートを取得できたのです」

一方でヴァチカン(ローマ法王庁)のナチス支援も有名な話だ。当時、宗教を否定する共産主義の浸透に対して教会が危機感を持ち、ナチスにその防波堤の役割を期待していたという時代背景がある。シュリム検事は「ヴァチカンが親ナチス的だったわけではありません。ナチスを助けるためではなく、ただ共産主義を倒すためだったのです」と説明する。ヴァチカンは一九九八年三月、「(ナチスに対する）精神的抵抗や具体的行動を取らなかった一部キリスト教徒の過ちを深く遺憾に思う」との公式文書を出し、こうした「過去」を謝罪した。

だがそもそも、連合国による追跡の手を逃れ、戦犯はどうやって南米まで脱出したのか。シュリム検事はこう話す。

「あなたはラッテンリーニエ（Rattenlinie／ネズミの抜け道）という言葉を聞いたことがありますか。それこそが逃走ルートです」

逃走ルート「ネズミの抜け道」

戦後、第三帝国の副総統ヘスや外相リッベントロップ、国家元帥ゲーリングらを裁いた一九四五～四六年のニュルンベルク裁判の最中、ヴィーゼンタールは一人のドイツ人と知り合う。かつてドイツ国防軍情報部に属していたという元軍人で、その後はヴィーゼンタールのいわば「ネタ元」になった人物だ。ヴィーゼンタールは著書『殺人者はそこにいる』（中島博訳、朝日新聞社）の中でこの人物を仮名で「ハンス」と記し、彼から初めてオデッサの存在を聞いた経緯を紹介している。オデッサは緊密に張り巡らされ、よく機能するネットワークだったらしい。数十キロおきに立ち寄り先が設置され、そこでは三人ほどの人々が次の立ち寄り先を知っていたという。

ヴィーゼンタールがハンスから教えてもらったオデッサは、戦犯を巧妙に逃がすべく、各地に協力者が散らばっているという組織だ。いわば宿場町をリレーするように逃亡者が逃げてゆくイメージで、教会が手助けするケースも多かったという。

逃亡する戦犯は、ドイツとオーストリア国境沿いに点在する立ち寄り先を回りながら、イタリアのジェノヴァやローマに向かっていたらしい。

その逃走ルートが、シュリム検事が指摘した「ラッテンリーニエ（ネズミの抜け道）」だ。一部の教会も支援したことから「修道院ルート」とも呼ばれる。

中でも、戦犯が好んで利用した場所がある。それがイタリア北部の「南ティロル」地方だ。連合国の目が届きにくいイタリアで唯一のドイツ語圏。さらにジェノヴァやヴェネチアなどイタリアの主要港湾都市にも近い。この地の利を生かし、多くの戦犯はイタリアの港から南米や中東に向かった。

「南ティロル・ルート」を使った高官には、シュヴァムベルガーやアイヒマンのほか、多くのユダヤ人を人体実験で殺害した医師ヨゼフ・メンゲレがいる。メンゲレはアウシュヴィッツ強制収容所での人体実験を統轄した医師で、ユダヤ人収容者に薬物を注射したり、生きたまま凍らせたり、体の一部分を切断したりするおぞましい実験を繰り返した人物だ。人種改良やアーリア化を唱えるナチス人種理論の信奉者で、「死の天使」（Engel des Todes）との異名を取っている。

メンゲレは戦後、米軍の捕虜になった。SSは本来、負傷した時のために血液型の入れ墨を腕に彫っていたのだが、メンゲレはたまたま入れ墨をしていなかったため、米軍はSSだと気付かずに解放してしまった。メンゲレはその後、バイエルン州の村に農民に扮して潜伏する。その後、南ティロルで身分証明書を手に入れることに成功し、アルゼンチンのブエノスアイレスに渡った。やがてパラグアイやブラジルを転々とし、一九七九年にサンパウロ近くで海水浴中、心臓発作で死亡した。六七歳だった。

「最近の研究では、実際にはオデッサのような巨大組織は存在せず、単に地域の教会など小グループが複数存在し、個別に逃走を助けたとの見方が有力です。戦犯を追うふりをして、CIA（米中央情報局）が逃走を支援した例も確認されています。ナチス幹部にはソ連の情報を持つ者も多く、戦後の冷戦期、米国にとって彼らは利用価値があったのです。そして南米に逃げる前、南ティロルは確かにイタリアの港に抜ける最重要拠点でした」

自身も南米パラグアイのドイツ系家庭に育ち、現在はドイツ東部のイエナ大学で戦後ドイツと南米の関係を研究するダニエル・シュタール博士（三三歳）はそう分析する。

だが一体どれほど多くのナチス関係者がこの「ネズミの抜け道」を使い、南米に渡ったのか。博士はこう話す。

「専門家でも正確な数字は分からないんです。ただ、戦後は欧州での捜査資料を基に、少なくともアルゼンチン一国だけで一八〇〇人の容疑者がリストアップされました。しかしこの中にはドイツ人ではないクロアチアのファシスト組織ウスタシャ（Ustaša）のメンバーも含まれていたり、結構、戦犯の国籍には混在も見られるんですよ」

ウスタシャとは第二次大戦中、クロアチアで実権を握った民族主義組織で、ナチスのユダヤ人虐殺を模倣し、セルビア人を大量虐殺したファシスト集団だ。こうした逃亡者たちの多くは、特にアルゼンチンを目指した。これは同国のペロン大統領（在任一九四六～五五、七三～七四）が親ナチス的で、ドイツ人技術者らを工業発展のため優遇したからだという。ナチスやウスタシャ、そしてイタリアのファシストたちは戦後、数千人単位でアルゼンチンに渡ったとの報道もある。こうして概観すると、戦後まもないアルゼンチンはまるで欧州の悪党たちの巣窟といった印象だ。

二〇一五年三月、そのアルゼンチンのジャングルでナチスの「隠れ家」の廃墟が見つかったとのニュースが流れた。AFP通信によると、パラグアイ国境に近い密林の中に石造りの建物が発見され、ブエノスアイレス大学の考古学研究チームが調査したところ、建物にはナチスのシンボルマークのハーケンクロイツ（鉤《かぎ》十字）が刻まれており、建物の中からはナチス時代の硬貨やドイツ製陶器の破片が見つかったという。

密林に身を隠すナチスの残党。まるで冒険小説にでも出てきそうなそんなおどろおどろしい「悪の権化」像も、どうやら現実のものだった可能性がある。

戦後、ドイツによる戦犯追及は厳しかった。前述のシュリム検事が勤務するナチス犯罪追及センターによると、旧西ドイツだけでも一〇万六〇〇〇人に戦犯容疑がかけられたという。こうした状況下で、ナチス高官の多くが「報復」を恐れ故国を脱出した。彼らの「ネズミの抜け道」が南ティロルだった。

虐殺者が滞在した「隠れ里」

ドイツ南部ミュンヘンから国際列車で南下し、山がちなオーストリア西部を抜け、イタリアの南ティロル地方に入る。オーストリアとイタリアの国境に位置するブレンナー・パス（ブレンナー峠）の駅は、山間部に無理やり設置したという風情で、急峻な崖がすぐ目前に迫ってくる。駅で乗り換えた際、ナップザックを背負った若者の姿を多く見かけた。ト

ナチス戦犯が身を潜めたイタリア北部メラーノ。町は急峻な山に囲まれ、「隠れ里」の風情も漂う＝2014年9月、著者撮影

レッキングに行くのだろうか。スカーフを頭に巻いたイスラム教徒の人々も多い。

峠を走る列車は長いトンネルに入り、五分ほど真っ暗な景色が続く。このトンネルの上にある山道を越えて、戦犯は南ティロルを目指したのだろう。

駅名や出口表示などの案内板は、この辺りからイタリア語とドイツ語の二言語併記となる。

一面のトウモロコシ畑の向こうに、常に山が連なっている。そんな景色の中、イタリア・南ティロルの中心都市の一つメラーノに到着した。人口約三万九〇〇〇人の小都市で、山の斜面まで三角屋根の民家や教会が点在する。夏は避暑でにぎわう保養地でもあり、ドイツ人観光客も多い。周囲が山という環境は、どことなく平家の落人《おちうど》伝説のような「隠れ里」の雰囲気も漂わせる。町を歩くと、確かにドイツ語が通じる。駅や通りの名も、全て独伊両言語で併記されていた。

この町でも「ユダヤ人狩り」は起きていた。戦前に約一五〇〇人いたユダヤ人は強制収容所に送られ、戦後はほぼゼロになった。中心部には、犠牲となったユダヤ人を悼む記念像が建つ。

メラーノ・ユダヤ博物館のヨアヒム・イナーホーファー館長（五三歳）はこう話す。

「戦後まもないメラーノの宿屋では、欧州を脱出するユダヤ人が一階に泊まり、連合国の追跡から逃げるナチス戦犯が二階に泊まることもありました。かつての加害者と被害者が同宿するこの町は、戦後欧州の混乱を表す縮図でした」

イナーホーファー館長によると、この町の住民の間には、かつて「お尋ね者」となった著名な戦犯が滞在したことをどこか誇りに思う感情もあるという。

「あのメンゲレが来た。SS大尉プリーブケも来た。そんな過去の史実を誇らしげに話す人もいます」

メラーノには、強制収容所に送られたユダヤ人を悼む記念像が立つ＝2014年9月、著者撮影

イナーホーファー館長は「古い木はしならせることができない」（Ein altes Holz kann man nicht biegen）との表現を使い、ナチスへのシンパシーが残る高齢者の存在を説明した。ドイツ語圏では今も時々使われる言い回しらしく、考え方はそう簡単に変わらないという意味だ。

「右翼的な考えを持つ人がこの町には大勢います。といってもネオナチの思想やファシストとはどちらかといえば無関係で、むしろこの地方が経験した歴史的な背景があります。南ティロル地方は第一次大戦後の一九一八年、イタリアに割譲されました。このためドイツ語系住民は長く自治や独立を求めてきた経緯があり、愛国心が強いのです」

ドイツ系とイタリア系の割合はちょうど半々くらいらしく、ドイツに対する郷愁がもともと強い地域なのだ。

私がこの町を訪れたのは、二〇一四年九月。涼しい山間部の保養地にもまだ夏の残り香があり、散歩が気持ちいい季節だった。夕刻、川辺の遊歩道を水玉のスカーフをまいた七〇歳くらいのおばあさんが散歩していた。すれ違った別のおばあさんとイタリア語で何か話し、満面の笑みになる。こののどかな町に、本当に虐殺者が滞在したのだろうか。戦犯も、この川音を聞き、この川辺を歩いたのだろうか。

『ヒトラーの贋札』の町

取材の過程で、一つの噂話を聞いた。

戦犯の親族が今もこの町のどこかに住んでおり、時折、南米に逃げた戦犯関係者らしき老人が会いに来るという。その老人は「デア・アルテ」(Der Alte／ドイツ語で、老いた男の意味）と呼ばれている。

この話をドイツ系住民に尋ねると、皆「知らない」と答える。愛想のいいレストランのオーナーは困ったように「ドイツ系住民の間では、そういう話はタブーだよ」と肩をすくめた。

だが「デア・アルテ」を二〇一三年一一月に目撃したというタクシー運転手の男性（四二歳）は、こう話す。

「ほぼ毎年二月か一一月、白いあごひげを生やし、足取りのしっかりした老人がこのメラーノの町に現れます。なぜ二月と一一月なのかは不明です。観光客が少ないシーズンだからでしょうか。もう九〇歳を超えていると思いますよ。南米に逃げた戦犯の部下と言われています」

この町は、かつてSS少佐フリードリヒ・シュヴェントが滞在し、大量の偽札を保管していた場所でもある。

ドイツは戦時中、ベルリン近郊のザクセンハウゼン強制収容所に印刷職人らを集め、大量の英国ポンド札の偽造をしていた。敵国の経済を大混乱に陥れるのが目的だった。この計画は責任者のベルンハルト・クリューガーSS少佐の名を取り、「ベルンハルト作戦」とのコードネームで呼ばれた。この話は後に映画化され、日本でも二〇〇八年に『ヒトラーの贋札』とのタイトルで公開されている。

シュヴェントは、この偽札をばらまく仕事をしていた。メラーノの町を見下ろす高台のブドウ畑の中に、中世以来という古城を改装したホテルがある。戦時中、シュヴェントはこのホテルを接収し、偽札を大量に保管して、闇取引に使っていた。

戦後、シュヴェントは南米に逃走した。一九七六年にペルーから西ドイツに移送され、戦時中の殺人容疑で逮捕されたが、後に釈放され、再びペルーに戻った。逃走中に米軍の情報機関に協力して、自身の安全を図るなど、したたかな人物だった。

「シュヴェントが偽札取引の拠点としてこの町を選んだ理由には、中立国スイスに近いという地理的条件も挙げられます」

ホテル支配人のイェルク・シュタプフ＝ノイベルト（七六歳）はそう話す。連合国の目が届きにくいスイスに偽札などの物資を輸送する。その拠点として、ドイツ語圏のこの町は絶妙な位置にあった。そして輸送には、赤十字関係者が協力したという。赤十字が絡むことで、偽札輸送はある程度カムフラージュできたらしい。

南米に逃げたシュヴェントは戦後、再びこのホテルに来たことがあったらしい。本名で宿泊したとの証拠はないが、シュタプフ＝ノイベルトは、

「おそらく来たでしょう。そして彼と同様に『ネズミの抜け道』を使って逃げた人物も、

再びここに宿泊したようです」

と話す。そして、シュヴェントの娘も数年前にメラーノに来たと明かした。

「娘さんはもう七〇歳を超えていました。この町がどう変わったか、自身の目で見たかったようですよ」

ナチス戦犯のハインツ・バルトが戦後、身を潜めた旧東独の町グランゼー＝2012年12月、著者撮影

戦犯の涙

外国に逃げず、ドイツにとどまった戦犯もいる。

「私が対面したのは、確かにナチスの戦犯でした」

ベルリンから約七〇キロ北のドイツ東部グランゼー。フランス中部オラドゥール村で虐殺を働いた元SS中尉ハインツ・バルトが戦後、身を隠した町だ。二〇一二年一二月、私はこのグランゼーでバルトと対話を続けたハインツ＝ディーター・シュミトケ牧師を訪ねた。この町のすぐ近くには、メルケル首相が少女時代を過ごした町テンプリンもある。

その日は吹雪だった。教会を訪れると、ちょうど牧師は裏庭で汗だくになりながら、必死に「雪かき」をしている最中だった。牧師は教会事務所に私を案内し、ストーブに当たりながら、「戦犯との対話」について話し始めた。

「一九八一年に突然、彼が逮捕されるまで、町の人は誰も『ナチスの戦争犯罪人』だとは知りませんでした。彼は東独時代の国営雑貨店で働いていましたが、同僚たちを積極的にほめ、他人の悪口など決して言わない好人物で、誰からも慕われていましたよ」

バルトの右足は義足だったという。周囲には「フランス戦線で負傷した」と説明していた。町の人々が語る人物像も、「虐殺の張本人」とはかけ離れている。

「二人の息子を連れて町の祭りに来ていました」

「はしゃぐ姿が楽しそうで、子煩悩な良き父親でしたよ」

「雑貨店ではいつも、探し物はありますか、と笑顔で尋ねてきた。あれほど感じのいい店員はいませんでした」

バルトを知る住民は皆、私にそう証言した。

住民が、その好人物の「過去」を知るのは一九八一年七月。東独当局が「戦犯」としてバルトの身柄を拘束した。バルトは一九八三年に終身刑判決を受けたが、東西ドイツ統一後の九七年、高齢に伴う体調不良を理由に釈放され、再びグランゼーに戻った。その後は人付き合いを絶ち、二人の息子も町を離れたという。バルトは二〇〇七年八月、八六歳で死去した。

晩年、家に引きこもる彼のもとをシュミトケ牧師が訪れた。沈黙が続いたが、少しだけ神について話したという。

「神は全て知っています。あなたは、ただ過去に静かに思いを馳せればいい」

牧師の言葉にバルトは突然、涙を流し、ひたすら無言で泣き続けたという。

がんが進行し、死期が近いことを悟ったバルトは、最後に牧師を呼んで尋ねた。

「私のような者も、埋葬してもらえるのでしょうか」

牧師がうなずくと、バルトはこう続けたという。

「では匿名埋葬をお願いします。(ナチスを神聖視する)極右ネオナチのような若者が、私の墓を聖地化することがないように。愚か者は、我々だけで十分です」

近親者だけの葬儀の際、牧師は埋葬の言葉の中で、バルトが戦犯だった事実に触れた。過去から逃げてはいけないと思ったからだという。裁判では自身の行為を「あれは戦争だった」と正当化し、反省の色を見せなかったバルトだが、彼の晩年を知る牧師はやや見解を異にする。

「法廷で彼が何を話したか、私は知りません。しかし死の直前、彼は間違いなく過去を深く悔いていました」

牧師はそう確信している。

今なお潜伏する戦犯たち

ドイツ（西独）は戦犯訴追のため、一九七九年に謀殺（計画的殺人）の時効を廃止した。二〇一一年五月には、強制収容所の看守を務めたウクライナ出身の被告（翌一二年に九一歳で死亡）に有罪判決が出たのを機に、戦犯の法的責任を追及する声が近年、改めて高まっている。

ユダヤ人人権擁護団体サイモン・ウィーゼンタール・センターのイスラエル事務所所長を務めるエフライム・ズロフ博士（六四歳）は二〇一三年七月、ベルリンで記者会見を開き、熱弁を振るった。ユダヤ人虐殺に関与しながら、まだ訴追されていない戦犯の情報提供を呼びかけるキャンペーンを強化するという内容だった。戦犯の多くが死亡または高齢化して追跡が困難になる中、同センターはここ数年を「最後のチャンス」と位置付け、懸賞金も用意して情報を求めている。

同センターはこの年の夏、ベルリンなどの大都市で「遅いが、まだ遅すぎない。最後のチャンス」と記したポスターを計二〇〇〇枚張り、戦犯の発見を呼びかけた。訴追につながった情報の提供者には、最高二万五〇〇〇ユーロ（約三二五万円）が支払われる。

「戦後は別の人生を歩み、既に年老いた人を訴追することに意味があるのか。よく、そう聞かれます。だがおぞましい大量殺人の罪は、時の経過で消えるものではない。高齢でも出廷に耐えられるなら、必ず法の裁きを受けさせます。必ずです」

そう強調し、「もう時間がありません」と机をドンドン叩いて訴えた。

七月下旬の夏休みシーズンにもかかわらず、会議室のような狭い一室に二〇人以上の記者が集まっていた。よく通る声で、机を叩く音が響く度に、私は隣のメキシコ人記者と顔を見合わせた。大迫力だった。

同センターによると、二〇〇一～一三年に世界各国で有罪判決を受けたナチス戦犯は計一〇一人。最も多いのはイタリア（四五人）で、米国（三九人）、カナダ（七人）、ドイツ（六人）と続く。戦犯は今なお各国に潜伏しており、二〇一三年現在でドイツ国内にも約八〇人が潜伏中と推測されている。

オデッサの資金源

ユダヤ人団体や各国捜査機関の追跡を逃れ、戦後、残党は各地に逃げ延びた。一方で、むしろ欧州にとどまり、戦後もひそかに影響力を行使しようとしたメンバーの存在も囁かれる。

ジャーナリストのオリヴァー・シュレームとアンドレア・レプケは二〇〇一年に出版した共著『ナチス同志への静かな支援』“Stille Hilfe für braune Kameraden”の中で、一九六〇年代にスペイン南部で開かれたある会合について触れている。米国のCIC（陸軍情報部）の文書で確認できた情報によると、オデッサのメンバー一〇〇人以上がひそかに集会を開いていたという。冒頭ではナチス時代の「ジーク・ハイル」（Sieg Heil！／勝利万歳）との挨拶が交わされ、会議はスタートした。

テーマは、イスラエルに「拉致」されたアイヒマンについてだったという。この会議では「オデッサは、イスラエルへの戦争を宣言する」との内容が決議され、その際、イスラエルと敵対するアラブ諸国との連携を深めることも確認されている。

さらにドイツ・ヘッセン州首席検事フリッツ・バウアーの「処刑」も決議されたという。ユダヤ系のバウアー検事は、ブエノスアイレスに住んでいたアイヒマンの住所などの詳細情報をイスラエル当局に伝えた人物だ。自身が属する西ドイツの当局ではなく、真っ先にイスラエルに伝えたのには理由がある。戦後もドイツに根を張るナチスのシンパから、アイヒマンに情報が伝わることを恐れたのだ。この情報が結局、アイヒマン逮捕につながる決定打となったため、オデッサはバウアー検事を憎き「抹殺対象」にしたという。

戦犯の逃亡劇やこうした支援組織の動きを概観すると、やはりそこに見え隠れするのは一定の「資金力」だ。これだけの逃走が実現した背景には、ナチス犯罪追及センターのシュリム検事が指摘するように何らかの組織的な力がなければ無理だったと考えるのが自然だろう。同じ略奪財宝の伝説でも、由緒ある「琥珀の間」のように十分な知名度があり、その探索自体が物語性を帯びるドラマとは趣が違う。息をひそめて戦後も生き延びようとした残党たちが、自身のひそかな生存をかけ、決して表には出ないカネを使う。そんなイメージが浮かび上がる。

本章の冒頭でも触れたが、略奪財宝などを含めた資産の保全については終戦直前、組織的に話し合われた形跡もある。一九四四年ごろ、官房長官ボルマンはナチス勢力を戦後も温存させるため、略奪した財宝などの資産を秘密裏に海外に移転させる計画を練っていたという。ナチス追跡に生涯をささげたジーモン・ヴィーゼンタールは、一九四四年八月一〇日にフランス北東部ストラスブールのホテル「メゾン・ルージュ」で開かれたという「秘密会合」にも言及している。

この会合には、多くのドイツ企業の代表者が集まった。戦後の連合国による資産没収を恐れ、財界として対策を協議したらしい。この会合の主催者がボルマンとの説があり、ジャーナリストのレーナ・ギーファーとトーマス・ギーファーは共著『冷戦の闇を生きたナチス』（斉藤寿雄訳、現代書館）の中で、「いかにもありそうなこと」と指摘している。会合では主に、南米やアジア、アフリカなどに身を隠す数千人規模のナチス党員の逃亡手配について協議された。彼らに対する偽の証明書発行、有価証券などの外国への移転も議題に上ったという。あくまで「秘密会合」で、ヒトラーすら知らなかったとも言われている。

だが内容については疑わしいとの指摘もある。一般的な財界人の集まりとして、戦時経済情勢の分析や資産保全については確かに協議されたかもしれない。だがその延長線上に、本当に「逃走者支援」もテーマになったのか。

前述のイエナ大学のダニエル・シュタール博士は話す。

「会合自体はおそらくあったと思います。しかしこの時点では、まだ戦犯の追跡や裁判はテーマになっていません。逃走支援について本当に協議されたか疑問です。内容については、フィクションの部分があると思います」

この会合の根拠については、連合国側のスパイの証言が基になっている。だがこの信憑性についても議論がある。ドイツの元外交官で駐パラグアイ大使も務め、南米とドイツの関係に詳しいハインツ・シュネッペンは著書『オデッサと第四帝国』“Odessa und das Vierte Reich”の中で、そもそも会合の存在自体に疑問を呈している。会合の出席者とされる人物が既にこの時点で死亡していたり、強制収容所に収容されていたり、辻褄が合わないケースが多いのだ。

さらにシュネッペンは、ヴィーゼンタールの証言についても疑わしい部分を指摘している。オデッサの話を聞いたというネタ元の「ハンス」という人物と会った場所についても、ニュルンベルクになったり、ミュンヘンになったりと、変遷が激しいのだ。

オデッサの実在の真偽は今なお闇の中だ。仮に存在したとしたら、その資金源は果たしてナチスの略奪財宝だったのか。

確かなのは、多くの人命を奪ったナチスの残党の一部はしっかりと逃げ延びたという事実だ。そして、バルトのように誰からも好かれる雑貨店員や、アイヒマンのように妻に花を贈る良き夫として生き続けた。

晩年のバルトと対面した前述のシュミトケ牧師は語った。

「控え目にはにかむ笑顔のあの人がナチスの虐殺者だった。人間の過去なんて誰にも分かりません。ナチス関係者はきっと今も、すぐそこにいるんですよ」

そのシュミトケ牧師は二〇一三年暮れ、病気のため五七歳で世を去った。

かつてSS少佐シュヴェントによる偽札取引の拠点だったメラーノの古城ホテル支配人、シュタプフ＝ノイベルトはこう語った。

「今なお、逃げる者と追う者がいる。終わりなき物語です」

第四章　ロンメル将軍の秘宝

今も敬愛される将軍の戦利品

七五歳にしては、握手する力が強くて驚いた。青いシャツに白のズボン。若々しい着こなしが楽しげだ。

ドイツ南部フライブルク。二〇一三年八月、待ち合わせた駅前に現れたクラウス・ケプラーは、「ドイツで最も成功したトレジャー・ハンター」（シュピーゲル誌）と評される海の男だ。海底に沈んだ遺失物や、水没船の捜索を行う海事会社を経営し、高齢の今も時折、海に潜る現役ダイバーとして活躍する。二〇〇一年には、一七世紀英国の伝説的海賊ヘンリー・モーガンの船をカリブ海で引き揚げ、世界の注目を浴びた。この海賊モーガンの生涯は、『エデンの東』『怒りの葡萄』で知られる米国の作家スタインベックが、『黄金の杯』という作品のモチーフにしており、欧米では名の知られた存在だ。

ケプラーと待ち合わせたのは、フライブルク駅前のマクドナルドの前だ。約束の時間に、背筋を伸ばした老人が道路の向こうから、スッ、スッと軽やかに弾むようにこちらに歩いてくる。「ハロー、シノダサン」。日本人の私を「さん付け」で呼び、満面の笑みになった。

取材したのはよく晴れ渡った夏の昼下がりで、レストランのテラスでコーヒーを飲みながら話をした。

「海の引き揚げの仕事にはね、グチャグチャになった人間の水死体回収も含まれるんですよ。私はもう一〇〇体くらいやりましたかね」

時には凄惨な仕事を語りながら、注文したケーキを口に運ぶ。

水没品回収作業の依頼者は、政府機関から民間企業まで様々だ。私と会った時、ケプラーはインドネシア沖で古代中国の水没船引き揚げに従事していると語っていた。

「潜水装備や船の手配なども含め、既に数百万ユーロは投資しましたが、まだ回収できていませんね。そんなこともよくありますよ」

会話の中にさりげなく登場する金額も、スケールが違う。

財宝を追い続けるトレジャー・ハンターのクラウス・ケプラー氏＝2013年8月、著者撮影

そのケプラーが三〇年以上追い続けるのが、「ロンメル将軍の財宝」だ。

エルヴィン・ロンメル元帥（一八九一〜一九四四）は、第二次大戦中の悪名高きドイツ第三帝国の中にあって、明らかに異彩を放つ人物だ。ナチス率いるドイツという「絶対悪」の中で、最後までナチス党に属さず、あくまで一軍人としての存

連合国軍から「砂漠の狐」と恐れられたロンメル元帥。最期はヒトラーから自殺を強要された

在を貫き、ユダヤ人迫害についても批判的だったとされる。ユダヤ人部隊を捕虜にした際、ベルリンから「ユダヤ人は捕虜として扱わず、ただちに射殺せよ」という命令書が届いたが、その書類を破り捨て、敵の捕虜も大切に扱ったエピソードは有名だ。その騎士道精神は、味方のみならず敵の兵士からも畏敬の念を持って語られた。なかば伝説化した面もあるが、ナチスの残虐行為という原罪を背負った戦後のドイツ人にとって、一種の「救い」として思い入れがある人物なのは確かだ。

一方でこうした美談の陰に隠れ、戦後語り継がれてきた噂の一つに「ロンメルの部下が北アフリカでユダヤ人から財宝を略奪し、どこかに隠した」という伝説があるのも事実だ。ここで略奪に携わったのは、ナチス党組織の指揮下にあるナチス親衛隊（ＳＳ）だ。ロンメルはあくまで正規軍であるドイツ国防軍部隊の指揮が主任務だったが、ロンメルが破竹の勢いで進軍する地域で、ＳＳは略奪の限りを尽くすことができた。

戦後、こうした戦利品を「地中海のコルシカ島沖に沈めた」という人物が現れる。チェコ人の元ドイツ兵ヴァルター・キルナーという男で、一九四三年九月、島の北東部バスティア沖に財宝を詰めた数箱を沈めたという。キルナーは既に世を去ったが、生前の彼を知る人物が、このケプラーなのだ。

ヴァルター・キルナー。時にはペーター・フライクとの偽名を使っていたことも知られている。その名を出すと、快活に過去の冒険談を語っていたケプラーの顔がサッと曇った。

「あの男とは共に財宝を探し、何週間も船上で過ごした仲ですが、一緒にいて気持ちのいい男ではありませんでした。彼は人殺しです。でも宝の場所を知っていたのは確かです」

ドイツ人が今も敬愛してやまないロンメル。本章では、ナチス財宝伝説の代表格として、「琥珀の間」同様に名の知られたロンメルの財宝を追ってみたい。その足跡をたどると、そこには名将を巡る男たちの奇妙な物語があった。

コルシカの海に沈めた宝

地中海の陽光がまぶしいフランス領コルシカ島。ナポレオンの故郷としても知られるこの島は、モーパッサンが「海に立つ山」と呼んだように大部分が山岳地帯で、海岸近くまで絶壁が迫っている。

主要都市バスティアの港近くの広場には、南国らしくヤシの木が立ち並ぶ。私が訪れたのは二〇一三年一二月。真冬でも気温が一五度前後だった。広場には、半袖姿の若者もいる。確かに上着が不要なほど暖かい。

チェコ出身の元ドイツ兵キルナーが「財宝」を沈めたという沖合を港から望む。貨物船や小型漁船が行き交う穏やかな海だ。

「一九四三年九月一八日の朝、私と数人の士官はボートに乗り込んだ。そして前日に海図に印を付けた沖合まで出た。私は潜るよう指示され、財宝が詰まった箱を海中の岩場の空洞に隠した」

キルナーの証言は、二〇〇七年に六七歳で死去した英国のジャーナリスト、ピーター・ヘイニングが出版した著書『ロンメル財宝の謎　第二次大戦の物語』"World War II Stories, The Mystery of Rommel's Gold" に登場する。

一九四三年九月当時、コルシカ島はドイツとイタリアの支配下にあったが、米英連合軍は徐々に島に迫りつつあった。金塊を船に積んでドイツに向かえば、撃沈される恐れがある。このため、財宝の管理責任者だったとされるSSのダール大尉らは「ひとまず宝を海に沈め、戦況が好転した後に回収する」という計画を立案した。その任務を遂行したのが、潜水士キルナーだ。だがダール大尉らはその後、上官に背いた罪で銃殺されたため、結局キルナーがありかを知るほぼ唯一の人物となったという。

キルナーの記憶では、「現場」は岸から約四・五キロの場所だ。戦後、キルナーと共に捜索に当たったクラウス・ケプラーは、この場所はバスティアの南のゴロ川河口付近か、北のコルス岬付近と計算した。財宝は金塊や宝飾品で、一五〇〇万ユーロ（約一九億五〇〇〇万円）の価値があるとも報じられている。

「彼の話には時折、ウソが混じるんです。そもそも彼はただのダイバーではなく、SS所属の生粋《きっすい》のナチスでした。確かに財宝を沈めた人間は実在し、その後彼らが銃殺されたのは事実です。しかしキルナーはその『銃殺する側』の人間で、実際に銃殺の現場にいたのです」

キルナーは財宝を探す際、かつて自身がSSに所属していたという都合の悪い事実を隠し、「ただの潜水士」という話を作り上げ、周囲を信じ込ませたという。

「チェコ出身というのも、おそらく虚偽経歴です。彼には南ドイツのなまりがありましたよ」

007シリーズにも登場

英国のジャーナリスト、ヘイニングが執筆した『ロンメル財宝の謎』に描かれたキルナーの冒険談は、ヘイニングの取材の他、フランスや英国の新聞で報じられた資料などを基に描かれている。キルナーの話については疑問を持つ研究者も多いが、描写は生々しく、全てが作り話とは思えない印象も受ける。

ヘイニングがそもそもロンメルの財宝に興味を持つようになったきっかけは、ある友人の影響だった。

その友人の名はイアン・フレミング（一九〇八～六四）。英国情報部のスパイ、ジェームズ・ボンドが活躍する小説「００７」シリーズの作者だが、フレミング自身、英国海軍情報部で情報将校を務め、世界的通信社のロイター通信でモスクワ特派員として働いた経験も持つ「情報畑」の人物だった。そのフレミングが一九六三年、ロンドンのフリート・ストリートにあった新聞社のオフィスの一室で、記者のヘイニングに「ロンメルの宝は存在するんだ」と打ち明けたのがきっかけだった。

実際、フレミングの００７シリーズには、ナチス財宝の話がよく登場する。次章で紹介するオーストリアのトプリッツ湖も、映画ではシリーズ第三作となる『ゴールドフィンガー』に登場しているのだ。

そして、ロンメル将軍の財宝も登場する。映画ではシリーズ六作目となる『女王陛下の００７』（一九六九年公開）だ。原作には、次のような記述がある。

「ロンメル財宝に関するミステリアスなビジネスがあった。財宝は、バスティア沖のどこかに沈められていると推測されている。一九四八年、かつてドイツ軍にいたチェコ人ダイバーのフライクという男がその財宝を追ったが、やがてユニオンから警告を受け、姿を消した」

ここに、キルナーの偽名フライクの名がそのまま登場する。ユニオンとは、コルシカ島や南仏マルセイユを拠点とする実在の犯罪組織ユニオン・コルス（Union Corse）のことで、一般的にはコルシカ・マフィアとも呼ばれる。財宝とマフィアの関連については後述するが、『女王陛下の007』に登場するフレミングの記述には、実在の事件をそのまま記した内容も多い。彼はただの空想作家ではなく、実際に情報部員として得た知識を作品の中で使っていた。戦後、フレミングが作品の構想を練っていた当時、「ロンメル将軍」の名は欧州でまだ生々しい現実感を伴っていたと推測される。

「島の沖合に、財宝を沈めた」

元ドイツ兵ヴァルター・キルナーが戦後、初めてフランス当局と接触したのは一九四七年の冬とみられている。ドイツ南部シュトゥットガルトのフランス領事館を訪れ、フランス領コルシカ島への渡航ビザを申請した。この時のキルナーの身なりはみすぼらしく、戦傷とみられる傷跡が顔に残っていたという。

　キルナーのビザ申請は、係員にとって多少奇妙に思えたらしい。コルシカ島は一八世紀以降ずっとフランス領で、ドイツの支配を受けていた戦時中は島民による激しいレジスタンス活動が起きた地だ。まだ戦後間もないこの頃、ドイツ人に対する敵対心は依然として強く、コルシカ島にわざわざ渡航するドイツ人は珍しかったからだ。

　島民の反独感情はなお残っており、渡航は危険を伴う。領事館係員はそう説明した。そして、改めてよく考えてから来るよう諭し、その日は帰した。

　翌日、キルナーは再びやって来た。どうしてもコルシカ島に行くと言い張る。しかし理由については相変わらずはっきり言わない。領事が出てきて、直接彼と向かい合った。

「詳細な説明がなければ、ビザは発給できません」

　キルナーはため息をついた。そしてあきらめたように話を始めた。

「島の沖合に、財宝を沈めた。私はそれを取り戻しに行くんです」

　これこそがコルシカ島沖の海に眠る「ロンメル将軍の財宝」で、話は二時間に及んだという。

　キルナーの話は、ロンメル率いるドイツ軍が北アフリカ戦線から撤退した一九四三年五月にさかのぼる。

ロンメルも本国に戻り、在留部隊も地中海方面に撤退を始めていた。

北アフリカ部隊に従軍していたキルナーも他の兵士と共に一九四三年七月、イタリアの港町ラ・スペツィアに配属された。

この町に配属されたのは理由がある。ここはドイツとイタリアの枢軸国軍にとって重要な物資の輸送拠点で、港の治安確保が常に求められていた。キルナーは潜水技術を習得していたため、敵が船に不審物を取り付けていないか確認する作業など、港の治安全般を確保する任務を与えられたのだ。

仕事内容は確かに危険だ。一方で、リビアの砂漠で負傷した後、多少の休息を望んでいた彼にとって、むしろ夏場に南国イタリアで海に潜れる仕事は、決して悪い話ではなかったようだ。

だが一九四三年九月一六日、キルナーは突然、別の命令を受ける。

「すぐにコルシカ島バスティアに行くように。その際、潜水用装備を持参すること」

ここから、キルナーの奇妙な冒険が始まる。

上官から受け取った司令文書には、ルートヴィヒ・ダール（Dahl）のサインがあったという。ちなみに一九五二年九月のシュピーゲル誌には、この上官の名は「ダーン（Dahn）」と記されており、正確なつづりは分からないが、ここではヘイニングの著書に沿ってダールと表記する。

コルシカ島に到着すると、キルナーを乗せたトラックはバスティア郊外のビルに向かった。建物に入ると、声がエコーとなって反響し合う。中は暗い。わずかな電灯の光に照らされた陰気な部屋に通された。そこには、四人の男が立っていた。

制服姿の男がキルナーの前に進み出て、右手を高々と挙げた。「ハイル・ヒトラー」。キルナーも同じナチス式敬礼で応えた。

「私の名前はルートヴィヒ・ダール。私があなたをここに呼びました」

階級は大尉だった。特殊任務部隊に属しており、現在は極めて重要な作戦に従事していると明かした。そしてキルナーに、これから始まるミッションに従うよう命令した。断れるはずもない。キルナーはもちろん、了解と答えた。

キルナーは極度の緊張で、唇がかさかさに乾いていた。残りの三人はいずれも中尉で、ダール大尉の部下だった。

奇妙な命令と宝の数々

キルナーは海に連れて行かれた。用意されたモーターボートに乗り込む。すべてが異様にあわただしい。ボートが岸から離れた沖合まで出ると、ダイバースーツを着て、すぐに潜るように告げられた。そして、奇妙な命令を受けた。

「あまり普通の形をしていない岩を探すように」

訳が分からぬまま、キルナーは海に潜って「特徴的な形の岩」を探したが、見つかるまでにしばらく時間がかかった。やがて水深八〇メートルの場所に、ちょうどいい格好の岩場を発見した。

「ロンメルの財宝」が沖に沈められたとされるコルシカ島バスティアの港＝2013年12月、著者撮影

モーターボートに戻って岩場の発見を告げると、ダール大尉は海図に現在地の印を付けた。そして再びモーターボートを動かし、バスティアの港に戻った。
この時点で既に深夜になっていたとみられるが、キルナーは再び先程のビルに戻り、ある部屋に案内された。ここで驚くようなものを目にする。
それは、金の延べ棒、銀杯、ダイヤモンドや真珠が詰まった宝石箱などの「財宝」の数々だった。絵画も数点あった。キルナーは絵画の中に「おそらくレンブラントやシャガール、ピカソのような作品もあった」と語ったとされるが、彼自身は美術の専門教育を受けたわけではないため、この発言についてはヘイニングの著書でも「そのような可能性は全く低い」と脚注が付いている。

だがキルナーの回想によれば、とにかく金銀財宝の数々はこうしてコルシカ島バスティアのビルの一室に確かに集められていた。部屋では二人の将校が、鉛と錫で枠部分を固めた木箱に「宝」を次々と詰めていたという。少なくとも六箱はあったのを確認できた。

ダール大尉が説明した。

「これは北アフリカで得た宝の数々だ。ベルリンに運ばれることになっている」

もちろんヒトラー自身への贈り物となる。ダール大尉はそう信じていたらしい。

だがここで疑問がわいた。これをどうやってベルリンまで運ぶのか。

ドイツとイタリアに対し、既に敵の連合軍は徐々に包囲網を形成しつつあった。地中海地域での劣勢も明らかになっている。連合軍の干渉や攻撃を受けず、無傷でここから一〇〇〇キロ以上も離れたベルリンまで財宝を運ぶ方法などあるのか。

ダール大尉の説明によると、財宝は当初、陸路でイタリア北部まで運び、そこからさらに北上してドイツ統治下のオーストリア領内に持ち込む計画だったという。だがこのプランは最初からつまずく。最近の英米軍の頻繁な爆撃により、イタリア本土の幹線道路や鉄道はかなり破壊されている。このため、北イタリアへのアクセスが極端に悪くなっているのだ。しかも困ったことに、最近はドイツ人に抵抗する市民のパルチザン部隊がイタリア各地でドイツのトラックを襲撃し、積み荷を強奪する事件が相次いでいる。もし金塊を積んだ荷物がどこかで奪われようものなら、ヒトラーは烈火のごとく怒り、自分たちは責任を問われて処刑されるのは明らかだ。

加えて海上の道も危なくなっている。数日前にはコルシカ島の沖合で米軍機による攻撃があり、モーターボートが狙われた。もしコルシカ島を出たボートが海上で襲撃された場合、財宝は沈没するか、最悪の場合は敵の手に落ちることになるだろう。そうなれば、どちらにせよ自分たちの運命は終わりだ。

ダール大尉は熱心なナチス体制の信奉者だった。とにかくこの数箱の財宝を死守するのが自分たちの使命と考えていた。

ここで思い付いたのが、財宝をいったん海に沈めて隠し、状況が好転したら再び取りに来るという作戦だった。陸路、海路とも八方ふさがりという現状では、選択肢はそれしかなかった。

だがそのためには、潜水技術を持つ人間が必要になる。現在の部下にはダイバーがいない。そこで、対岸のイタリアのラ・スペツィアにいるダイバーを呼ぶことになった。こうしてキルナーに声がかかったのだ。

財宝はこのような経緯をたどり、海に沈められることになった。キルナーが財宝をバスティア沖に沈めたのは一九四三年九月一八日。海中の岩場の空洞に箱を隠し、目印としてブイをくくり付けたという。このブイがなければ、再び財宝のありかを探し当てるのは困難だとキルナーは考えた。そしてその位置を心に焼き付けておいた。海底は主に砂場で、ところどころに岩がある場所という。

キルナーは財宝を沈める作業をしていた際、遠くの港に二つのライトが見えたと後に回想している。一つは赤で、もう一つは白だ。これも彼にとっては場所を示す目印となったが、結局この明かりの正体は分かっていない。

修道院長の証言

戦後、フランス政府はキルナーの証言をもとに捜索に乗り出したが、発見には至らず、「キルナーの作り話では」との疑惑も語られた。

コルシカ島の公立バスティア博物館のある学芸員は、コルシカに財宝があるとの説に懐疑的だ。

「フランス政府は一九四〇年代後半、コルシカ沖を探索しました。七〇～九〇年代にも多くのハンターが来ましたが、私はコルシカ説をあまり信じていません」

根拠として、キルナーが財宝を沈めたとされる四三年九月時点では、まだドイツ兵は比較的容易に島から脱出できたとみられ、「宝をドイツに持ち去るのに苦労はなかったはず」という。

「それに、フライク（キルナー）はしばしば違う証言をしたことでも有名で、どうも信用性に欠けます」

だが一方で、キルナーの主張を裏付ける目撃証言もある。バスティアの沖合で、まさに四三年九月、男が大きな箱の数々を海に沈める姿を、住民が地元紙に証言しているのだ。

さらに一九六六年には、バスティアの修道院長がドイツのテレビのインタビューに、

「ナチス部隊は、修道院で財宝を木箱に詰めていた」

と証言している。ナチス部隊は宝を詰めた木箱に防水装備を施し、それを一時修道院の敷地内に隠していたという。

バスティア湾を望む見晴らしのいい丘の中腹に、この修道院は今もある。つづら折りの坂を車で一〇分ほど上った所にあり、タクシー運転手はすぐに場所を理解した。修道院を訪れ、取材の趣旨を伝えると、修道士の一人が言った。

「既に院長は、永遠の眠りに入られました。その話の真偽も、永遠の謎なんです」

本章の冒頭で紹介したトレジャー・ハンターのクラウス・ケプラーは、キルナーの話に

ウソがところどころ混じることを十分に認識しながら、コルシカ沖の探索を続けていたという。

「確かに彼はウソつきですが、しかし財宝がコルシカ沖にあるという話自体は事実だと思います。彼はそれを知る立場にありました。私はもう八回、コルシカ沖を探索していま す。キルナーからは、財宝を沈めた場所とされる海図のスケッチももらいました。彼は他界し、財宝は残念ながらまだ発見には至っていませんが、どこかにあるのは間違いないと思っています」

成功するトレジャー・ハンターの資質

ケプラーのハンター歴は古い。この世界に足を踏み入れたのは、一九歳の時に友人と旅行した南仏の海がきっかけだった。水深三〇メートルほど潜ったあたりの海底で、古代ローマのつぼ「アンフォラ」を偶然、発見した。取っ手が二つある独特の形をしている。ケプラーと友人が独力で見つけたのは全部で五個だったが、その後、付近一帯で約一八〇〇個のつぼが引き揚げられたという。いずれも古代ローマのガレー船の積み荷だったもので、ケプラーはそのうちの一個を記念としてもらった。それが「宝探し」熱に目覚めた瞬間だった。

大学で技術者としての勉強を続け、やがて海難救助会社を設立する。爆発物処理の資格も取り、湖に沈んだ戦時中の不発弾処理もこなした。警察も、水難事件が起きる度にケプラーの会社を頼りにした。仕事は次から次へと舞い込んだ。これまでに世界中で引き揚げた沈没船は二〇〇隻以上。アジアも重要な仕事場で、九〇年代以降は、一〇世紀ごろの古代中国の船を引き揚げた。

海図とにらめっこし、最新のスキャナーで海中に沈む金属反応などのデータを解析し、何人ものチームが分析に分析を重ねて探索に乗り出す。だがあまりに広大な海で「ここだ」と自信を持って場所を特定するには、最終的にはうまく説明できない第六感のような勘が必要という。

「父親が刑事だったんですよ。なんとなく探し物を当てる勘が鋭いのは、親譲りかもしれませんね」

そして成功するハンターの資質には「楽天的なこと」を挙げた。

世界には同様の企業が一〇〇社ほどあるという。だが本当にしっかりした実績を持つのはそのうちの一〇社ほどで、ケプラーは「うちの会社は間違いなくベスト5に入りますよ」と自信を語る。

「ロンメル財宝はあきらめていません。今は資金が滞っていますが、経済的に余裕ができれば、またチャレンジするつもりです。コルシカ沖の詳細な探索には何日もかかりますが、やり遂げますよ」

ケプラーの捜索チームはこれまで、海底を詳細に調査できる超音波測定器などで探索を試みた。金属反応も探知できたが、決定的な場所が絞り込めず、別の沈没船回収などの依頼も舞い込んでおり、コルシカでの作業は中断している。

略奪を指揮した「殺人狂」

コルシカ島の財宝伝説を追うと、一つの疑問が湧く。この財宝は一体、どこから運ばれてきたのか。

有力視されているのが、ロンメル部隊が進軍したチュニジアから運ばれたとの見方だ。パリのユダヤ現代史文書センターに残る文献には以下の記述がある。

「一九四三年二月一三日、ドイツ人たちが（チュニジア東部のユダヤ人が多く住む）ジェルバ島に上陸し、ユダヤ住民に対し五〇キロの黄金を提出するよう求めた。命令が履行されない場合は、島の有力者を処刑すると脅した。すぐに四三キロの黄金が集められ、ドイツ人が持ち去った」

こうした略奪品の数々が、後の「財宝」となった可能性がある。

ロンメルが北アフリカ戦線に着任したのは一九四一年二月。その約一ヵ月後の三月末には、早くもリビア砂漠の英軍基地を急襲する。この奇襲作戦は鮮やかな勝利をもたらし、ロンメルの名声を一気に高めた。「ドイツ軍はまだ準備不足で、戦闘は当分先」。そう考えていた英国の裏をかいたのだ。だが敵の裏をかくどころか、ヒトラーさえ「この時期の攻撃はまだ早すぎる」と思っていたという。

北アフリカ戦線で砂漠を東へ進むドイツ軍

ロンメルは抜群のアイデアマンだった。進軍する戦車隊列の先頭には「本物の戦車」を配置し、後続には普通乗用車のフォルクスワーゲンを走らせることもあった。乗用車は木枠などで戦車に偽装し、車輪近くに小型プロペラを取り付け、砂漠の中で大砂塵を巻き起こす。こうして、さも大群が襲来してきたように思わせ、敵を震え上がらせたのだ。

リビアのトリポリで行われた戦車部隊のパレードでは、戦車に何度も同じ道を回らせた。戦車が数多くあるように見せるためだ。「パレードを見に来る地元住民の中には、必ず英国のスパイが紛れ込んでいる」。そう信じたロンメルは、戦車の数を実際よりも多くあるように装い、敵の戦意を喪失させた。

翌四二年夏まで、知将ロンメルは北アフリカ各地で次々に英国部隊を撃破し、「砂漠の狐」との異名を取った。エジプト人の中には、英国の過酷な植民地支配からドイツ軍が解放してくれるとの期待も高まった。英国首相チャーチルは「ロンメルめ！　ロンメルめ！」と何度も歯ぎしりして悔しがったという。

ロンメル指揮下で連戦連勝だったドイツ軍だが、四二年一一月、エジプト北部エル・アラメインの戦いで惨敗する。これを機にドイツは一気に劣勢となり、翌四三年五月、北アフリカ戦線から撤退する。

こうして振り返ると、チュニジア東部ジェルバ島での大規模略奪が起きた四三年二月時点では、チュニジアはまだドイツの勢力下にあったことが分かる。

では、ジェルバ島の略奪品を約九〇〇キロ離れたコルシカ島に運んだ「実行犯」は誰なのか。その点を調べると、一人の男が浮かぶ。略奪を指揮したヴァルター・ラウフというSS大佐だ。ラウフはジェルバ島だけでなく、チュニス、スファクスなど他のチュニジアの都市でも金細工や装飾品などを奪っている。その額は現在の評価額で一七〇〇万ユーロ（約二億二一〇〇万円）に上るとの試算もある。

日本ではそれほど知名度の高くないヴァルター・ラウフだが、実はかなりの「悪党」で、彼はユダヤ人を虐殺する「移動ガス車」を一九四〇年ごろに開発した中心人物だ。ワゴン車に人々を押し込め、気密状態の中に毒ガスを送り込んで殺害する装置は、後にアウシュヴィッツ強制収容所に設置された「ガス室」の原型となる。ラウフの関与で殺害されたユダヤ人は推計で最大二〇万人。こうした筋金入りの殺人狂が略奪を指揮した。

敗れて撤退したロンメルの「幸運」

連邦議会図書館に通い、ラウフの足跡をたどると、興味深い事実が分かった。ラウフは一九四三年、確かにコルシカ島に来ているのだ。ドイツの元外交官で、ラウフの生涯を調査したハインツ・シュネッペンの著書『ヴァルター・ラウフ　ガス車での殺人を組織した男』"Walther Rauff: Organisator der Gaswagenmorde"の中に「一九四三年七月六日から九月八日まで、コルシカ島に滞在した」との一文を見つけた。

ドイツ軍のアフリカ戦線に詳しいシュトゥットガルト大学歴史学研究所研究員のマルティン・キュッパース博士（四七歳）も認める。

「その通りです。ラウフがコルシカ島に来たのは事実です」

コルシカ沖に「財宝を沈めた」とするキルナーの冒険談が、完全な作り話とは言い切れない根拠の一つがここにある。ユダヤ人から金塊を略奪したラウフがコルシカ島にいたのが七月から九月。その間、仮に宝を管理していたとする。その後、キルナーが宝を海に沈めたと証言した日付は九月一八日だ。こう考えると一応、時系列として話の流れは矛盾しないのだ。

「ラウフがその期間、コルシカ島にいたのは確かです。彼はそこで、治安警察の統率者としての任務に就いていました。連合軍の上陸を手助けしようとする市民がいないか、よく見張りをするためです。つまりドイツに非協力的な市民の監視が仕事でした。一方で、財宝を隠す任務があったという文書や証拠はありません。コルシカ島の財宝伝説に関しては作り話も多く、信頼に堪え得る歴史的証拠は見つかっていないのが現状ですが、もちろん逆に、宝がなかったとの証明もできません。とにかく現段階では、ロンメル財宝伝説の確たる裏付けはありません」

歴史学者という立場から、キュッパース博士はあくまで「財宝伝説」については慎重な見解を崩さないが、一方で「なかった」との証明ができないのも確かだ。

ラウフは、ロンメルと会っていたのか。

「ラウフは一九四二年七月二〇日、リビア東部トブルクに飛び、そこから戦線近くまで移動しました。そしてエジプトのエル・アラメイン付近で、ロンメル将軍の参謀だったヴェストファール大佐と会談し、自身の任務を説明しています。しかしラウフは、おそらくロンメル自身には会っていないと思われます」

博士の話は興味深かった。それは、ユダヤ人迫害が欧州だけで実行されたという先入観を覆すものだった。

現在のポーランド南部に位置するアウシュヴィッツ強制収容所での大虐殺。オランダでナチスから身を隠し続けたユダヤ人少女がつづった『アンネの日記』。普通、ナチスによるユダヤ人迫害は欧州が主な舞台として有名だが、北アフリカでの蛮行についてはそれほど知られていない。だが結局、こうして北アフリカでの略奪で得た金銀や貴重品が、いわゆるロンメル財宝の「原資」となった可能性がある。

「歴史に『もし』はありませんが」

キュッパース博士は続ける。

「ドイツが仮に英国に敗れず、エジプトやパレスチナまで占領していたら、かなり高い確率で欧州と同様のユダヤ人虐殺が起きていたと思います。中東での大虐殺です」

博士が言うには、ロンメルはある意味で幸運だったという。一九四二年一一月、ロンメルはエル・アラメインの戦いで英国に敗れて撤退したため、「虐殺」は起きなかった。もしこの戦いに勝利し、カイロやアレクサンドリアがドイツ占領下に入っていたら、ナチス親衛隊はユダヤ人虐殺に着手しただろう。その場合、ロンメルは他の戦犯同様に「ただの残虐なドイツ人」となり下がり、畏敬の対象にはならなかった。博士はそう推測する。

北アフリカ戦線では、ドイツによる大規模虐殺こそ起きなかったが、チュニジアでの「略奪」は起きていた。

凶暴なマフィアの影

仮にコルシカ沖で財宝が発見され、所有者が特定できない場合、一義的にはフランス政府など公共の財産となる。これは、例えば「琥珀の間」などの財宝がドイツで発見された場合、本来の所有者が名乗り出なければ、ドイツの地元州の所有物になるのと同様の理屈だ。だが発見者にも報奨金が検討される場合が多く、これがハンターの意欲をかき立てる。

戦後はこうした財宝探しを巡って死者も出た。一九六三年九月、コルシカ島南西部プロプリアーノの森で、元フランス海軍潜水士のアンドレ・マテイが銃殺体で発見されたのだ。

殺害の数日前、地元のバーでマテイは「ロンメルの財宝を見つけた」と周囲に吹聴していたという。マテイが探したのはバスティア沖。キルナーが証言した現場と一致する。

殺害は、島に暗躍する「コルシカ・マフィア」（ユニオン・コルス）の仕業ではないか。そんな噂が地元で語られた。マテイは財宝を見つけたが、「口封じ」のために消されたとの推測だ。パリ・プレス紙は当時、こう報じている。

「マテイの死の背景は公表されない。たとえそれが判明したとしても」

コルシカ島はフランス領だが、イタリアのシチリア島と並んでマフィアの本拠地として有名だ。厳密に言えば、マフィアとは本来、シチリア島発祥の犯罪グループのみを指す。一九世紀以降、シチリア島から移民として米国に渡り、現在もシカゴやニューヨーク、ロサンゼルスなどの大都市で暗躍するイタリア系マフィアがその代表的な例だ。だが現在では組織的犯罪集団があれば、その出身地に絡めて「メキシカン・マフィア」「上海マフィア」などと呼ぶケースが多い。「ジャパニーズ・マフィア」と言えば、いわゆるヤクザ、暴力団のことを指す。

コルシカ・マフィアの凶暴性は近年、欧州では特に有名だ。二〇一二年には、フランスからの島の独立運動を進めるリーダーの弁護士が、ガソリンスタンドで車を止めた際、何者かに射殺された。商工会議所の会頭も、自身の経営する衣料品店にいたところを銃撃され、死亡した。二〇一二年だけで、マフィアとみられる犯行で殺害されたのは一八人。人口三〇万の島に流通する銃などの武器は四万とも推測されている。

今回の取材中、知人のドイツ人の紹介で知り合ったあるフランス警察の幹部は「財宝の有無を確認するのは警察の仕事ではないですが」と苦笑しながら、真剣な表情に戻ってこう話す。

「コルシカ島を回るなら、よく注意した方がいいですよ。マフィアは身内意識が強く、よそ者が島をかき回すことを好まないのです。それは欧州人でもアジア人でも同様です。そして、よそ者には決して秘密をしゃべらない。それは徹底しています」

この警察幹部は組織犯罪に詳しく、コルシカ島で起きた一つのエピソードを教えてくれた。結婚式の最中に発砲事件があり、死者が出た。実行犯はマフィアだった。だが招待客は一〇〇人以上もいたのに、警察の捜査に対しては見事に誰もが「何も見ていない」と証言したという。

「大人、子供に限らず、マフィアが関係した話に全員が口をつぐんだのです。昔の小説の話ではなく、現代の出来事ですよ。そんな島が他にありますか」

コルシカ島を実際に訪れると、そんなフランス警察幹部の忠告も忘れてしまう。海沿いのホテルから見える地中海の青も、沈む夕陽のオレンジ色も、見たことのない鮮やかさだ。名物のヤギのチーズやワインも美味で、人々も親切だ。旅行者にとっては楽園のようなイメージのこの島だが、バスティアで知り合ったタクシー運転手の男性（二五歳）は苦笑する。

「財宝とかマフィアとか、あまり聞き回らない方がいいよ。マフィアはね、どこにでもいるんだよ」

島の地元紙記者によると、コルシカ・マフィアは現在、主に四グループに分かれており、島以外のフランス本土やアフリカ、南米との交流もあるという。長年、彼らは主にマネー・ロンダリング（資金洗浄）で稼いできたが、最近はプロのビジネスマンの顔も持ち合わせるようになり、ホテルやバー、ナイトクラブ経営など「合法的」な表の商売を営むようになった。このため警察の摘発が思うように進んでいない。もちろん彼らの資金調達手段には、マフィアに伝統的な麻薬売買やギャンブルなどもあるが、メインは徐々に合法ビジネスになり、不動産取引も人気だ。コルシカ島では今なお、警察やジャーナリストへの脅迫も「確かに存在します」と言う。

戦後、米国の富豪も島で財宝探索に乗り出したが、マフィアを名乗る人物から「脅迫状」を送られ、手を引いている。地元紙記者は言う。

「宝は既に回収されたとの噂もあるんです。誰が見つけたか？　もちろんマフィアですよ」

砂漠の友情

ロンメルの運転手を務めた元ドイツ兵、ルドルフ・シュナイダーを訪れたのは二〇一三年の一二月だ。この時、彼は九〇歳。ドイツ東部の寒村シュタウヒッツの自宅に上げてもらい、部屋に足を踏み入れ、私は驚いた。室内は、従軍中に自らが撮影した約九〇〇枚の写真や北アフリカ戦線の資料で埋め尽くされ、戸棚が隠れるほど大きなリビアとチュニジアの地図が掛けられている。東独時代、一市民がナチス時代の研究をするのはご法度だったが、一九九〇年のドイツ統一後、シュナイダーは憑かれたように当時の資料を集め、戦友を訪ね歩き、かつて仕えたロンメル将軍の足跡をたどり始めたという。高齢だが、慣れた手つきでパソコンを叩き、資料の整理に余念がない。彼は今も、ロンメルの思い出と共に生きている。

「ロンメルは、戦術のこと以外、ほとんど私的な会話などしない生粋の軍人でした。そしてフェアでした。食糧も、私たち末端の兵士と一緒に粗末なジャガイモを食べていました」

一度だけ、不意にロンメルから「君には恋人がいるのか」と聞かれたことがあるという。います、と答えると、ロンメルはうなずいただけで会話は終わり、すぐに作戦の話に戻っていた。「あの人らしい」。ロンメルの高くも低くもない、落ち着いた声色まで、今も懐かしく思い出す。

強烈に覚えているのは、一九四二年の夏の日のことだ。砂漠で道に迷った一人の英兵の車に偶然、遭遇した。ドイツ兵は全員銃を構えたが、ロンメルはそれを制した。そして震える英兵に英語で話しかけ、車に武器が積まれていないことを確認すると、「行っていい」と生かして帰したという。

「それどころか、『英国部隊の宿舎はあっちだ』と方角まで指差して教えていました。戦闘以外で命を奪う行為はよくない。そう固く信じていたフェアな軍人でした」

第二次大戦中、北アフリカ戦線でロンメルの運転手を務めたルドルフ・シュナイダーは今も、当時の資料を収集していた＝2013年12月、著者撮影

九死に一生を得たこの時の英兵アレックス・フランクス（九三歳、英中部ウィートン・アストン在住）は、ドイツ兵と遭遇した瞬間を今も覚えている。

「あの時、私は確実に射殺されると思い、震えが止まりませんでした。でも今もこうして生きているのは、ロンメル将軍のおかげです」

と振り返る。シュナイダーとは近年、親交を結ぶようになり、今は互いにクリスマスプレゼントを贈り合う仲だ。私が取材に訪れた時、シュナイダーはちょうどドイツのクリスマス名物「シュトレン」を彼に贈ったと話していた。レーズンやナッツをふんだんに生地に練り込み、砂糖をまぶした菓子パンだ。かつて銃を向けた敵に、今は菓子パンを贈っている。

シュナイダーは証言する。

「ロンメルには、当時のナチス政権下で普通だった人種差別的な言動がなかった。市民からの略奪を指示したことなど、絶対にありえません」

前述のキュッパース博士も、

「ロンメルはユダヤ人強制労働については知っていましたが、自身が反ユダヤ的命令を出したことはありませんでした」

と指摘する。略奪はあくまでラウフたちの蛮行との見方だ。近年は「ロンメル財宝はむしろ、ラウフの財宝だ」(独誌「シュピーゲル」)とも言われる。

だがこうした英雄像の一方で、ロンメル部隊や英軍が北アフリカに埋めた地雷によって、今なお命を落とす人がいるのも事実だ。当時の北アフリカ戦線は、ドイツも英国も互いに大量の地雷を砂漠に埋めた戦いでもあった。現在もエジプトからリビアにかけて、二〇〇〇万もの地雷が埋まっていると推測され、一九八〇年代以降、約三二〇〇人が死亡、約四七〇〇人が負傷している。

カイロに本部を置き、地雷撤去運動を進めるNGO（非政府組織）「プロテクション」事務局長のアイマン・ソルール（四三歳）はこう話す。

「英国の圧政を嫌った当時のエジプト人の間には、むしろロンメルを慕い、ドイツの統治を望む人も多かったのです。しかしドイツも英国も結局、私たちに残したのは地雷でした。ここではまだ、第二次大戦は終わっていないのです」

ヒトラーとの決裂

ロンメルは晩年、ヒトラーと決裂した。戦争に勝ち目はないと判断し、早期の講和を訴えたがヒトラーに却下されたのだ。

一九四四年、英米軍が西からノルマンディーに上陸し、ソ連軍も東から迫ってきた。ロンメルは「西側と早めに講和し、東からの共産主義の欧州侵入を防ぐべき」と訴え、戦争継続一点張りのヒトラーの怒りを買った。

四四年七月二〇日、ヒトラー暗殺未遂事件が起きる。東プロイセン・ラステンブルク（現ポーランド・ケントシン）に置かれていた東部戦線の大本営「ヴォルフスシャンツェ」（狼の砦）で行われた会議の席上、ヒトラーの近くに置かれたバッグの中の爆弾が爆発したのだ。ヒトラーの部下ら数人は死亡したが、ヒトラーは奇跡的に軽傷で生き残った。この首謀者のシュタウフェンベルク大佐は翌日、ベルリンで処刑される。

この計画者の一人がロンメルだとも疑われた。真相は今も不明だが、この年の一〇月一四日、ヒトラーの使者二人がドイツ南部ヘルリンゲンのロンメルの自宅を訪れ、こう告げた。

「あなたには反逆の疑いがかけられている。今ここで毒薬を飲んで死ねば、家族や部下の安全は保障する」

ロンメルは命と引き換えに、家族を守る決意をした。

ロンメルはこの時、妻ルーシーと息子マンフレート、従者アルディンガーに最後の別れを告げている。「一〇分後、私は死ぬことになるんだ」。ロンメルはそう言って、息子マンフレートに手を差し出し、握手した。後に当時の状況を息子マンフレートはこう回想している。

「最後に父は、私の目を長い間見つめていました。長い間、視線をそらさずに」

ロンメルはその後、使者の用意した車に乗り込み、自宅から数百メートル離れた林で、青酸カリを飲んで息絶えた。五二歳だった。

ロンメルの死は「戦傷が原因」と発表され、盛大な国葬が行われた。ヒトラーの指示による強制自殺が明らかになるのは、ドイツ降伏直前だった。

息子マンフレートは戦後、政治の道を歩み、シュトゥットガルト市長を務めた。市長を退任後も本を出版するなどしていたが、やがてパーキンソン病を患い、面会ができない状態が続いていた。ちょうど今回、亡父ロンメル将軍の話を聞こうと取材を申し込んでいた最中の二〇一三年一一月七日、死去した。八四歳だった。

「再利用」され生き延びた戦犯

チュニジアでの略奪を指揮したヴァルター・ラウフは戦後、逃走に成功した。終戦直後には連合軍の捕虜となったが、一九四七年にイタリア・リミニの収容所から脱走する。四八年にはエジプト経由でシリアに渡り、軍事エキスパートとしてシリア政府に重用された。その政権が倒れると、その後はローマを経て南米に向かい、エクアドルやチリで生活した。この間、ラウフはいくつもの偽名を使った。

時代が東西冷戦に移ると、ラウフの運命も変わっていく。当時の西ドイツは戦犯ラウフを追跡する姿勢を示す一方、ひそかにスパイとして雇い、中南米で共産圏の拠点だったキューバの情報を探らせていたことが後に発覚した。ドイツの情報機関・連邦情報局（BND、Bundesnachrichtendienst）は二〇一一年に公開した文書の中で、「ヴァルター・ラウフは一九五八年から六二年まで、BNDのための情報連絡員の業務に従事していた」と認め、チリのサンティアゴで貿易会社の支配人兼輸出担当責任者として身を隠していたことを明らかにした。ＢＮＤはラウフに報酬七万マルクを支払っていたという。

ガス室の原型を作り、二〇万人のユダヤ人殺害に関与した男は、こうして戦後も悠々と生き延び、八四年五月にサンティアゴで死亡した。七七歳だった。

ロンメルの財宝伝説を追う取材は、ナチスの野望が地中海やアフリカ大陸にまで及んでいた空間的な広がりを再認識する体験だった。と同時に、前章で紹介したナチス残党の逃亡劇でも触れたが、改めて戦後国際政治の冷徹な側面を思い知らされる作業でもあった。

西側諸国は戦後、表向きは戦犯を追及する一方で、現実には「物は使いよう」とばかりにラウフのようなかつてのナチス戦犯を「再利用」した。それは西ドイツに限らず米国のＣＩＡも同様だが、改めてラウフの生涯を振り返ると、冷戦期の激動の波に決して飲み込まれず、逆にスイスイと泳いでいったその生き様に慄然としてしまう。

ラウフの研究を続ける前述のマルティン・キュッパース博士は二〇一三年、『ドイツ当局のヴァルター・ラウフ　ナチス戦犯からＢＮＤのスパイへ』"Walther Rauff — in deutschen Diensten: Vom Naziverbrecher zum BND-Spion" との著書を出版した。この本によると、エクアドル政府発行のパスポートを入手したラウフは一九六〇年、チリ発の飛行機で西独に向かい、ヒトラーの誕生日である四月二〇日、デュッセルドルフの空港に降り立って十数年ぶりに祖国の土を踏んだ。そしてビジネスマンとしてハノーバーのメッセに参加した後、バイエルン州でかつてのＳＳの知人ヴィルヘルム・バイスナーらと再会する。その後ＢＮＤの工作員とひそかに接触し、マイクロフィルムの扱い方などのスパイ教育を受けている。八週間のドイツ滞在を経て、ラウフ夫妻が同年六月にルフトハンザ機で再びチリに帰国したそのわずか数週間後、ハノーバーの裁判所はラウフに対する逮捕状を出している。まさにギリギリのタイミングだ。

この辺りの工作員との接触劇や逃避行はまるで映画さながらだが、同じ西ドイツの政府・公的機関の中でも、司法当局が訴追を目指してラウフを探すその陰で、情報機関はこっそりラウフを支援する。この悲劇とも喜劇ともつかない奇妙な矛盾も、戦後ドイツ史のまぎれもない一断面なのだ。

私はラウフがロンメル財宝伝説のキーマンだと思い、毎日新聞ベルリン支局のドイツ人助手と共に資料を集め続けた。だがドイツ人の間でもラウフの実像はまだあまり知られていないらしく、資料を読んだ助手が「こんな男がいたんですね」と何度も嘆息していたのが印象的だった。

コルシカ沖の財宝を追い続ける老ハンター、クラウス・ケプラーは今も時々、何者かからの脅迫電話を受けるという。

「宝を追う者の宿命ですよ。でもいずれ、コルシカでの探索を再開します」

取材の終わりに、ケプラーは一枚のコインを取り出した。直径約四センチの黒ずんだ貨幣だ。男性の横顔と共に「CAROLUS IIII 1796」の文字が刻印されている。一八世紀末のメキシコの宗主国スペインの王カルロス四世をデザインした銀貨だ。

「インドネシアで沈没船を捜索中、偶然に発見したコインなんです。記念に持って帰りましたが、同じく宝を調べる者として、あなたへのプレゼントです」

ケプラーはそう笑い、握手して、振り返らずに去って行った。悲将ロンメルの財宝を巡る男たちの戦後史は、まだ続いている。

第五章　ヒトラー、美術館建設の野望

『ゴールドフィンガー』の金塊伝説

スパイ映画の名作、007シリーズの第三作『ゴールドフィンガー』(一九六四年英国公開、六五年日本公開)の中で、主人公の英国情報部員ジェームズ・ボンドと、上司Mの間で、こんなやり取りがある。ボンド役は、名優ショーン・コネリーだ。

「これがトプリッツ湖にあったナチスの金塊だ」

上司Mがそう言って、布に包んでいた金の延べ棒をボンドに見せる。ゴールドフィンガーという大悪党が、違法な金の密輸で大儲けしているらしい。ボンドは上司からその調査を命じられる。この大富豪はとにかく金塊に目がない。そこで、ナチスの金塊を用意して相手に見せ付け、賭けゴルフに誘って相手と接触する。相手を釣るいわば「エサ」に使われたのが、この「トプリッツ湖の金塊」だ。

この部分、長年気になってはいたが、調べてみるとただの空想ではないことが分かる。前章でも触れたが、007シリーズの作者イアン・フレミングはかつて英国海軍情報部の将校だった経歴を生かし、自身の見聞を頻繁に作品に使っていた。オーストリア中部のトプリッツ湖は第二次大戦中、確かにナチス親衛隊(SS)が財宝を隠したとの言い伝えがあり、フレミングはこの伝説を作品の重要場面で使っていたのだ。

トプリッツ湖の金塊伝説が他と一味違うのは、実際に「目撃者」がいる点にある。伝説の舞台は多くの湖が点在するザルツカンマーグートという高地だ。モーツァルトの故郷ザルツブルクの東に位置し、夏場は、キャンプや釣りができる観光地でもある。映画『サウンド・オブ・ミュージック』の舞台になったのも、この辺りだ。

終戦直前、ナチスが「財宝」らしきものを入れた木箱を沈めたとされるオーストリア中部トプリッツ湖。訪れた3月はまだ氷が張っていた＝2012年3月、著者撮影

私は、トプリッツ湖に実際に「何か」を沈めたという人物が健在だと知り、接触を試みた。関係者をたどると、今も湖の近くに暮らしているという。半信半疑でこの人物に会いに向かったのは、二〇一二年の早春だった。

湖は切り立った崖に囲まれ、一種の圧迫感すらある。この辺り一帯の山地が「トーテス・ゲビルゲ」(Totes Gebirge／死の山脈)と不気味な異名を取っているのもうなずける。標高七〇〇メートルの湖周辺は、まだ深い雪の中だった。

そしてトプリッツ湖から約二キロ西に位置するグ

ルントル湖のほとりの一軒家に、そのおばあさん、イダ・ヴァイセンバッハ（八七歳）は今も住んでいた。

生き証人が見た光景

「欧州の記者はよく来ましたけどね、日本人は初めてですよ」

高く、よく通る声だ。ヴァイセンバッハは居間に隣接した部屋の椅子に座っていたが、ゆっくりと立ち上がり、日の当たる居間の窓際に移動した。

白髪を後ろで結い、ワンピースに身を包んだ品のいい女性だ。赤い花が差してあるテーブルクロスの上の花瓶を、私がノートを置きやすいようにさりげなく脇にどけてくれた。そして、実にゆったりと笑うのだ。

ヴァイセンバッハはこの家で生まれ、結婚後もこの家で夫と暮らし、農業を営みながら三人の子供を育てた。現在は息子の家族らと暮らしている。

「あの日のことを思い出すとね、今でも私は背筋が凍るような思いになります。もう何十年もたっているのにねえ」

話の途中で時々宙を見上げる。記憶を一つ一つ、丹念によみがえらせながら、慎重に言葉を選んでいる印象だった。話は、ナチスが降伏する一九四五年五月八日の数日前にさかのぼる。

「あれは戦争が終わるほんの何日か前でした。五月の初めですね。私は当時二〇歳。ある夜、というより、もう明け方の五時ごろです。この家の呼び鈴が突然鳴って、たたき起こされたんですよ。ドアを開けて、私は驚きました。SSの制服を着た若い男が二人、外に立っていたのです。そして私に、すぐに馬車を用意するように命令しました」

外に出てみると、そこには男たちがさらに十数人いたという。

ナチスの男たちの命令で、木箱をトプリッツ湖に運んだイダ・ヴァイセンバッハ＝2012年3月、著者撮影

「荷馬車を用意しろ」
重ねて男たちは指示した。余計な会話はなかったが、午前五時という尋常ではない時間帯の突然の来訪客は、明らかに何かを急いでいる雰囲気があったという。
「近所はだいたい農家で、馬を飼う家も多いのです。当時、この家に同居していた私の祖父は七〇歳くらいでしたが、それは毅然としたものでした。ナチスの男たち相手に、『なぜ馬を用意するんだ。こんな時間に無理だ』と断ったんです。しかし男たちは引き下がりません。やはり相手は恐ろしいナチス部隊です。結局、高齢の祖父に代わって私が馬を用意することになりました」

ヴァイセンバッハは無性に怖かったという。おそるおそる、

「馬にえさを与える時間がほしい」

と男たちに聞いてみた。だが男たちは、

「ダメだ。時間がない。今すぐに行かなくてはならない」

という。

湖畔の家の前には、どこから運んできたのか、大量の「木箱」が置かれていた。ヴァイセンバッハは二台の荷馬車を用意した。すると男たちは、黙ってその木箱を荷台に積み始めた。

「全部で七〇箱以上はありました。とてもうちの馬二頭では足りません。そこで、近所の農家の男性三人も、同じように馬を用意させられました。私は木箱に触っていません。触るなと言われたんです。ですが、大の男たちが重そうに積み込む姿を見て、ああ、これは相当な重量だな、と推測できました」

荷馬車に木箱を積み終えると、男の一人が短くこう言った。

「トプリッツ湖へ行け」

トプリッツ湖は、グルントル湖から二キロ離れており、ナチスが爆薬調合などの実験を

していた湖だ。現在はもちろん舗装されているが、当時はかなり道も悪く、荷馬車で半日かかる時もある。そう告げると、ナチスの男たちは苛立ちを隠さず、声を荒らげた。

「ダメだ。二時間で行け。急ぐんだ」

明らかに無茶な話だが、断れる雰囲気ではなかった。荷馬車には、最初にドアを開けた時に立っていた若い男が付き添った。

「おそらく、この男は当時の私より年下だったかもしれません。彼はトプリッツ湖に向かう道中、ひたすら黙っていました。木箱の中身については気になりましたが、怖くて尋ねる気になれませんでした」

目にした木箱には、数字などの特段の目印はなかったという。

足場が悪い土砂の道を、こうして湖まで進んだ。

すべての木箱をトプリッツ湖まで運び終わるのに、何度か往復させられた。他の三人の農家の男性も同様にトプリッツ湖とグルントル湖を往復した。夜が明け切った午前九時ごろ、運搬作業が終わった。

「このことを誰にも言うな、という口止めもされませんでした。ただ男たちは無口だったのをよく覚えています。私は一緒に荷馬車を引いた若い制服姿の男に、一つだけ質問をしました。戦争はいつ終わるのか、と」

意外にも、男はあっさりと答えた。

「もうすぐ終わりだ」

実際、この数日後の五月八日にドイツは降伏している。

「そして、その若い男はこう言いました。戦争が終わったら俺はまたここに来る。必ず来る。そうハッキリと言いました」

木箱の運搬作業から解放され、「家に帰っていい」と言われた時、全身から力が抜けるくらい、心の底からホッとしたという。何か見てはいけないものを見てしまったことで、拘束されるのではないか。そう考え、極度の緊張状態にあったからだ。

トプリッツ湖からは、一刻も早く立ち去ろうと思った。だが家に帰る途中、そっと湖を振り返ってみた。そして、ある光景を見てしまった。

「男たちは木箱を一つ一つ、湖に沈めていました」

ヒトラーとオーストリア

彼女が目撃した「木箱」の中身は何だったのか。これについては戦後、一つの噂が広まった。この地域の湖のどこかに、ナチス部隊が金塊を隠したという。彼女の目撃証言に注目するなら、トプリッツ湖はまさにその筆頭候補となる。

ナチスは実際に、このオーストリアの湖水地方を利用した。ドイツ南部バイエルン州との国境も近い山岳地帯は風光明媚な地として当時から富裕層に知られており、ヒトラー自身やナチス幹部も、この地域を保養地として使っていた。

ナチスという「絶対悪」の存在を欧州現代史の中で考える時、オーストリアという国は、なかなか微妙な立場にある。

一九三八年、ドイツはオーストリアを併合した。以後は終戦、そして連合国による占領を経て、一九五五年までオーストリアの主権は消滅する。戦後、オーストリアは「ナチスの被害者」との立場を強調したが、実際には当時、オーストリア国内で併合を歓迎する声があったのも事実だ。第一次大戦の敗北、ハプスブルク帝国の崩壊、共和制下での内紛、そして世界恐慌などが立て続けに起き、当時のオーストリアは経済低迷や社会不安にあえいでいた。だが隣国ドイツを見れば、ヒトラーの指導力でアウトバーン（高速道路）の建設が進み、失業者も減り、経済再建が軌道に乗っている。こうした強い指導者の手腕への期待もあった。

そもそもヒトラー自身がオーストリア北部ブラウナウの生まれで、オーストリア人だ。自伝の『わが闘争』“Mein Kampf”では、冒頭からオーストリア併合への熱い思いが語られる。

「今日わたしは、イン河畔のブラウナウが、まさしくわたしの誕生の地となった運命を、幸福なさだめだと考えている。というのは、この小さな町は、二つのドイツ人の国家の境に位置しており、少なくともこの両国家の再合併こそ、われわれ青年が、いかなる手段をもってしても実現しなければならない畢生の事業と考えられるからだ！」（『わが闘争』平野一郎・将積茂訳、角川文庫）

ヒトラーにとって、オーストリアはドイツになくてはならない存在だった。そして実際に、本国ドイツ以外でのナチスのもう一つの拠点として、オーストリアは戦略的に機能していた。

「木箱が沈められた」とされるトプリッツ湖は、ナチスが一時、軍用の実験場を置き、爆薬の調合や爆破実験が行われていた場所だ。ヴァイセンバッハの家の前のグルントル湖畔の邸宅には、終戦前年の一九四四年、ヒトラーの「個人図書館」もベルリンから移されている。その邸宅には多くの蔵書のほか、ヒトラーがこよなく愛したリヒャルト・ワーグナーの直筆の楽譜もあったとされる。戦後、邸宅の蔵書は米軍に押収され、現在はワシントンの米議会図書館などが所蔵しているが、ワーグナーの楽譜は消え失せたままだという。

そして、この地域に深く関与したナチス幹部が、エルンスト・カルテンブルンナーだ。国家保安本部（ＲＳＨＡ）長官として、ユダヤ人狩りで知られる秘密警察「ゲシュタポ」

(Gestapo, Geheime Staatspolizei) を傘下に置き、弾圧を遂行した責任者の一人だ。

カルテンブルンナーはオーストリア生まれ。終戦間際、ドイツの敗色を悟るとベルリンを脱出し、一九四五年四〜五月にグルントル湖の北西のアルトアウスゼー湖畔に移った。この時、カルテンブルンナーが「逃走資金」として持ってきたのが、何台ものワゴン車に積んだ五〇箱分の金二〇〇〇キロ、純金の延べ棒五〇キロ、五箱分のダイヤモンド、二〇〇万米ドルや大量のスイスフランなどと言われている。ナチス体制を最後まで信奉していたカルテンブルンナーは、この資産で戦後のナチス復興に備えたとの説もある。

いずれにせよ、この「カルテンブルンナーの財宝」はどこに隠されたのか。これこそ、オーストリア湖水地方に残された戦後史の大きな謎だ。

「そんな噂も聞いてはいました。でも戦後、何があっても私は黙っていましたよ」

ナチスと少しでも関わったということ自体、他言して得になることなど何一つない。ヴァイセンバッハはそう思っていたという。

だが戦後、湖の財宝伝説は予想外の展開を見せる。彼女が運びナチス部隊が沈めた木箱が、トプリッツ湖から引き揚げられたのだ。

1959年、トプリッツ湖の捜索を実施した独誌「シュテルン」の取材チームの写真。シーエンのレストランに展示されている＝2012年3月、展示物を著者が撮影

引き揚げられた「ナチスの偽札」

一九五九年、ドイツの週刊誌「シュテルン」の取材チームが放ったスクープは一大センセーションを巻き起こした。トプリッツ湖を捜索し、湖底から複数の木箱を引き揚げることに成功したのだ。おそらくこれこそが、イダ・ヴァイセンバッハが運びナチス部隊が沈めたものに違いなかった。

中からは書類のほか、ナチスが作った偽の英国ポンド札が発見された。金塊はなかったが、「ナチスの偽札」発見は十分衝撃的なニュースだった。第二次大戦中、ナチスは敵国の経済を混乱させる目的でポンド通貨の偽造を試み、偽札をベルリン郊外のザクセンハウゼン強制収容所で大量に作っていたが、その一部が湖から出てきたのだ。第三章で紹介したSS少佐フリードリヒ・シュヴェントが、南ティロルのメラーノの古城を拠点に闇取引していたのは、まさにこの偽札だった。

当時の大騒ぎを覚えている人物が今、トプリッツ湖畔でヒュッテ（山小屋）兼レストランを経営しているアルブレヒト・シーエン（六五歳）だ。自身も消防潜水士の資格を持

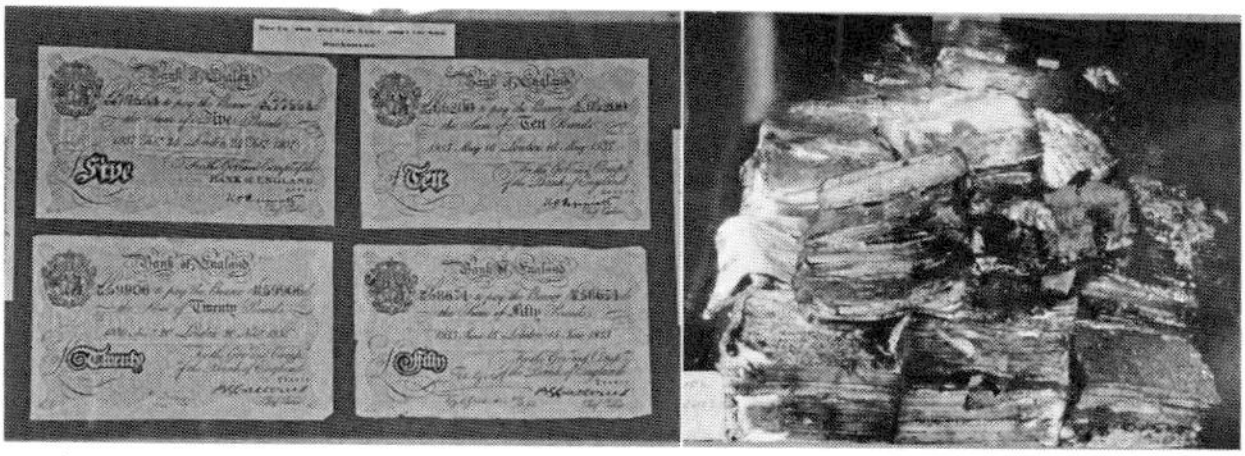

トプリッツ湖から引き揚げられた木箱に入っていた偽ポンド札（左）。偽ポンド札の束（右）は当時「まるで干し草のよう」と形容されたという。いずれもシーエンのヒュッテに写真が展示されている＝2012年3月、展示物を著者が撮影

ち、何度も湖での捜索活動に参加しているという。

「子供の頃、湖の近くでよく空の薬莢を見つけたものです。それをおもちゃにして遊んでましたよ。この湖は、戦争に関係した場所だ。子供心にもそう感じていました。でも強く意識したのはやはり一九五九年ですね。私は一三歳くらいでした。シュテルン誌の取材班が湖を捜索して、木箱を引き揚げた時です。それはすごい騒ぎでした。ドイツやオーストリアからレポーターがどっとやって来て、湖の周りには人が集まり、サルベージ作業を見守りました。でも木箱は湖底から引き揚げられた時、ほとんど壊れていたんですよ。中から出てきた紙幣、もちろんこれは偽札ですが、それが水面いっぱいに浮かんでいました」

大量に出現した偽札。その写真は今も、シーエンのヒュッテにある。こんもり積み上げられた偽札は、湖底に沈められた十数年という年月で一部が褐色化していた。この見た目から、「まるで干し草のよう」と言われたという。

過熱する宝探し騒動

だがヴァイセンバッハが目撃した木箱の数だけでも、七〇箱以上ある。引き揚げられたのはほんの一部だ。まだ未発見の金塊があるのではないか。「トプリッツ湖からナチスの木箱発見」のニュースが報じられると、他の木箱を求めて各地からトレジャー・ハンターが殺到した。

「ドイツやオーストリアだけでなく、英国やフランス、米国などからも大挙してハンターがやって来ました。既に一九五九年の木箱発見以前から、湖にはナチスが何かを隠したという噂が広まっていましたからね。シュテルン誌の木箱発見スクープは、それに火を点けた格好です。私たち地元の人間は皆知っていますが、ナチスの連中は終戦間際、確かにこの湖水地方に金やダイヤモンド、宝飾品を多く運び込んでいたのです。それをどこかに隠したのもほぼ間違いない。戦後、米軍が持ち去ったものもありますが、イダ・ヴァイセンバッハさんのように、何かを湖に隠す手伝いをさせられた農家の人々は他にもいるんですよ」

宝探し騒動は過熱した。そして一九六三年、ついに死者が出た。三人のダイバーが湖に潜ったが、一人が溺死したのだ。

事態を重く見たオーストリア内務省は、騒動を鎮静化するため、同年一二月までに公式調査を実施した。その結果、「一八個の木箱を発見し、中身は偽札や弾薬などで金塊はなかった」と発表して幕引きを図った。湖は立ち入り禁止になった。

その後、オーストリア当局の許可を得て、湖に沈んでいる不発弾引き揚げ作業が一九七八年に実施された。そして機雷やロケット弾の一部分などが見つかった。

この時の潜水士ゲアハルト・ツァウナーは後に『ザルツカンマーグート地方に隠された財宝』“Verschollene Schätze im Salzkammergut”という著書を出版した。この本によると、トプリッツ湖の秘密を探る人々の中には、金塊以外のある重要書類を捜しているグループもあったという。それが、国際的なユダヤ人人権擁護団体のサイモン・ウィーゼンタール・センターだ。

同センターのウィーン支部が一九六三年、オーストリアのオラー内相に対し、書簡を送った。それは、トプリッツ湖に沈められた木箱の中に、ナチスの資産を隠した無記名銀行口座のリストがある可能性を指摘したものだった。

ナチスの金塊は、スイスの銀行に預けられた可能性がある。その口座を記した書類が、湖に沈められているのではないか。ユダヤ人団体はそう考えたらしい。

ツァウナーの著書によると、オーストリア警察幹部のヴァレンティン・タープは一九七九年の死の直前、二つの重要な捜査結果を書類として残したという。彼はトプリッツ湖などを統轄するアウスゼーラント地方保安長官を長年務め、戦前から戦中、戦後に至るまでの湖水地方の治安情報に精通した人物だ。そのターラ元長官はまず、

「トプリッツ湖に隠されたという無記名銀行口座の存在は、サイモン・ウィーゼンタール・センターによる空想の域を出ない」

と結論付けた。つまり、無記名口座の存在については否定している。

だがもう一つの捜査結果が面白い。それは、湖水地方で戦時中に反ナチス活動をひそかに続けた英国のスパイ、アルブレヒト・ガイスヴィンクラーについての見解だ。

ターラ元長官は、

「ナチスの金塊が入った木箱一二箱と、現金四五〇万マルクを、ガイスヴィンクラーがどこかに隠した可能性がある」

と結論付けている。つまりオーストリア当局自身も、湖水地方の金塊伝説を「本物」と信じていたフシがあるのだ。

その後、トプリッツ湖では一九八〇年代に、生物学者ハンス・フリッケ博士が当局の許可を得た上で、湖の生物学調査を実施したが、その過程で同様に偽札などを発見した。

さらに再びサイモン・ウィーゼンタール・センターが二〇〇〇年、米国の有力テレビ局

ＣＢＳと共に、最新の水中探査機などを使った捜索に乗り出した。だが同様に成果はなかった。

何かを隠すのに適した湖

トプリッツ湖を見た時、私は実家近くにある東京・上野の「不忍池」を思い出した。予想よりもあまりに小さい。遊覧ボートで軽く一周できそうな気もしてしまう。湖をはさんで、すぐ目の前に切り立った崖がそびえている。標高七〇〇メートルの高地で、空気が澄み渡っているせいか、白黒のコントラストが刻まれた岩肌まではっきりと見える。手を伸ばせば、湖を飛び越して崖に届きそうな気もしてしまう。それくらい湖の存在感がない。湖面は透き通り、鏡の役割を果たしていて、山肌が湖面に映り込んでいる。

全くの素人考えだが、財宝を隠すには、かえってこのくらいのサイズの方が、後から回収する時に便利ではないか。ナチスはそう考えたのかもしれない。

かつてイダ・ヴァイセンバッハがナチス部隊と何時間もかけて荷馬車を引いた道のりは、今は車でわずか数分だ。湖を訪れた時は、周囲はまだ一面の深い雪だった。湖畔で待ち合わせたシーエンが、湖まで案内してくれる。湖畔をぐるりと回る形で舗装された道から、わずか二〇メートルも歩けば湖面に到達するが、すっぽり雪に覆われた中で、靴が雪に埋まり、歩くだけで一苦労だ。ようやく湖のほとりに立ち、水をのぞき込んだ。

「周囲約六キロ。幅はだいたい五〇〇メートル。水深は一〇三メートル。周辺の湖と比べても、特別に大きいわけじゃないんです」

予想以上に澄んだ湖だ。一メートルくらい下に沈んでいる草木まではっきり目に見える。これも素人考えだが、くまなく探せば金塊の一つや二つ、見つかりそうなものではないか。

「そう思うでしょう。ですが、木の幹が多く沈んでいて、湖底には泥が多い。水面は澄んでいるのに、二五メートル以上潜ると光が届かなくなり、一気に暗くなる。見事なくらい何かを隠すのに適しているんです。ナチスがそこまで知っていたのかと思うと、そら恐ろしくなります」

私はシーエンに尋ねてみた。自身で何度も潜ってみて、この湖を誰より知っている人物だ。自分では、宝がここにあると信じているのか。

自身が経営するヒュッテ兼レストランで、コーヒーを飲みながらインタビューに応じていたシーエンは、その質問に急に真面目な顔になった。メガネの位置を正した。

「私は、あったと思っています」

過去形で答えた。

「宝があった。それは確かだと思います。しかし今もまだここにあるのか。それとも何者かによって既に回収されたのか。それは分かりません。ただとにかく過去に、このトプリッツ湖に財宝が沈められた。それは百パーセント確かだと私は思っています。私はこれまで、数多くの人々とこの件について話し、そう確信するに至りました」

私の目をまっすぐに見つめ、話を続ける。

「湖というのは、人が決して分からない場所というのがあるんです。何度潜っても、よく知っている湖でもそうです。常に謎の場所がある。トプリッツ湖は、他の湖と比べても特に変わった湖なんです」

シーエンによると、この湖の水は上部が飲料水に適しているほどの真水、淡水なのだという。だが下部に行けば行くほど、塩分が濃くなって海水に近くなる。もともとこの辺りは岩塩が豊富な地域で、確かに地名のザルツブルクやザルツカンマーグートの「ザルツ」(Salz)というのは、ドイツ語で塩という意味だ。塩分を含んだ水は真水より重いため、下に沈殿していく。さらに下の方には流木や泥が沈んでいる。湖の上部と下部の構造が見事に違っており、下に沈んだものは極めて探しにくいという。

「ナチスが、イダ・ヴァイセンバッハさんの家の近くのグルントトル湖に財宝を沈めず、トプリッツ湖に沈めた理由は明らかです。ここは切り立った崖に囲まれ、それほど大きくない。しかも、ここに来るまでには一本道しかない。湖自体が既に、秘密の場所のようなものですからね」

各地の湖に残る金塊伝説

オーストリア湖水地方に残る財宝伝説の舞台は、トプリッツ湖だけではない。例えば、ザルツブルクから約一五キロ東に位置するフシュル湖もその一つだ。

湖畔には、ヒトラー内閣の外相だったリッベントロップが別荘を所有していた。もともとは一五世紀にザルツブルク大司教が建てた城で、その後は所有者の変遷を経て、リッベントロップが購入した。

ツァウナーの著書によると、一九四五年五月三日、この城の管理人がリッベントロップ夫人からある命令を受けた。それは、金貨などが詰まったガソリン用タンクを、湖に沈めることだった。

タンクは全部で一五個あり、かなりの重量だったという。城の管理人は簡素なボートにこれを全て積み込んだため、あやうく転覆しそうになったほどだ。管理人が湖にタンクを沈める作業を、夫人は岸から監視していたという。

戦後、ハンターたちはこの湖も捜索したが、成果はなかった。水深は最も深くて約六〇メートル。トプリッツ湖より浅いが、ここも数メートルにわたる泥の層があり、下に沈んだタンクの捜索は非常に困難という。この城は今、高級ホテルに改装されている。

さらに、トプリッツ湖から約一〇キロ南西のエーデン湖にも同様の金塊伝説がある。ナチス親衛隊中佐オットー・スコルツェニー率いる部隊が一九四五年五月、エーデン湖に多くの木箱を沈めたという。湖畔にある山荘管理人の女性はこの一部始終を見ていたが、部隊から口止めをされた。木箱が沈められた場所は、岸から五〇〜一〇〇メートル離れた地点だったという。

戦後、この湖もやはり捜索対象になった。木箱は見つかっていないが、一つの指輪が引き揚げられた。それは骸骨のマークが入ったSSのもので、ヒトラーの誕生日の四月二〇日を表す「20.4.」の数字と、ミリウス（Milius）という名前が彫られていた。このミリウスという人物は実在し、スコルツェニーの部隊にいたことが確認されたという。

このほかヒンター湖など各地に同様の言い伝えが残り、地元の人々にとっては、金塊伝説は珍しくはない。

湖周辺の取材をしていた際、雪のためバスの運行時間が乱れ、私は一度、ヒッチハイクで移動をしたことがあった。犬を連れた中年女性が車で私を拾ってくれて、目的地まで一〇分ほど車中で会話した。その女性の話では、当時は地元住民の中に、ナチスの資産隠しをむしろ積極的に手伝った人々もいたという。彼らは戦後、「ナチスの協力者」と呼ばれることを恐れ、その事実を他人には話さなかったが、実際にはナチス部隊から「分け前」をもらった住民もいたという。

「誰も話したがりませんが、皆そうした事実を知っていますよ。だから今も、このザルツカンマーグート地方ではナチスの話はどこかタブーなんです」

この女性はそう話した。

トプリッツ湖の財宝伝説が、前章までに紹介した「琥珀の間」や「コッホ・コレクション」、そしてロンメル将軍の財宝と決定的に違うのは、探すべき場所が絞られている点だ。しかもその木箱の一部は既に発見されている。どこかで「あと一歩で見つかるのでは」という非常に惜しい感じがする。にもかかわらず、見つからない。そう考えると、トプリッツ湖畔のヒュッテ経営者のシーエンが指摘するように、確かに「既に引き揚げられた」可能性も大いにあるという気がしてくる。

はたして湖は、隠し場所に適した場所なのだろうか。

結局、隠し場所というのは大別すれば二種類に分けられる。要するに湖や海などの「水中」か、洞窟、山中、墳墓などの「陸上」かどちらかだ。「水中」でも、広大な海と違ってサイズが限られている湖は、隠す方も探す方もある程度目星をつけやすいメリットがある。

たとえばドイツ東部ブランデンブルク州のシュトルプ湖には、ドイツ軍元帥ゲーリングが沈めたとされる財宝の伝説がある。ゲーリングは湖付近に狩猟用の別荘を構えていたが、ソ連軍が迫りつつあった一九四五年春、この湖に金やプラチナなどの貴金属類を大量に沈めたというものだ。

ブランデンブルク州は旧東ドイツに属していたため、冷戦時代の一九八一年には、旧東独秘密警察シュタージもこの湖を捜索した。「琥珀の間」同様、宝探しに対するシュタージの執念には改めて驚かされるが、今もハンターにとってこの湖は魅力的な捜索対象であるようだ。二〇一三年には、イスラエルのジャーナリストがブランデンブルク州当局の許可を得て捜索を実施した。ドイツの新聞もこの宝探しを取り上げたが、結局は見つからなかった。

どこに隠すか?

ここでさらに寄り道をして、「隠し場所」という観点から世界の財宝伝説を考えてみたい。

まず、圧倒的に多いのは海に眠る財宝伝説で、これは数え上げればキリがない。前章で紹介したロンメル将軍の財宝はその典型で、探索を続けるクラウス・ケプラーもかつて一七世紀の海賊モーガンの船の引き揚げに成功している。

ドイツと日本に深く関係する物語もある。それは「伊五二号」の伝説だ。正式名称・伊号第五二潜水艦は旧日本海軍が開発した潜水艦で、第二次大戦中に同盟国ドイツに派遣され、金塊二トンを積んでいたと言われる。だが南アフリカの喜望峰を越え、大西洋海域を航行していた一九四四年六月、米海軍によって撃沈され、戦後はハンターの格好のターゲットとなる。米国の探検家ポール・ティドウェルは九〇年代に、超音波探知機などを駆使して撃沈地点を調べ、南米とアフリカのちょうど中間のあたりの海底に伊五二号が沈んでいることを突き止めた。だが船体は深海五〇〇〇メートルの海底に沈んでおり、引き揚げ作業は難航した。乗船していた日本人の遺品など数点は回収できたが、金塊は確認されていない。

実際に宝を引き揚げ、成功した人物で世界的に有名なのは、米国のメル・フィッシャーだろう。フロリダ半島沖で一六二二年に沈没したスペイン船「ヌエストラ・セニョーラ・デ・アトーチャ号」を引き揚げた人物だ。この船には金銀合わせて四〇トンのほか、エメラルド、金貨や銀貨など、合計で時価推定一〇〇〇億円に上るともみられる財宝が積み込まれていたという。フィッシャーは一九八五年、この船の引き揚げに成功した。米国の法律により、地元のフロリダ州に財産の一部は納付されたが、残りの大金を手にし、一躍富豪になる。フィッシャーはフロリダ州キーウェストに博物館を造り、船から引き揚げた財宝の数々を展示している。

少し変わったところでは、一九一二年四月に氷山に衝突し、大西洋沖に沈んだあの豪華客船「タイタニック号」の伝説がある。船には大量のダイヤモンドなど貴重品が預けられており、沈んだ貴重品の中には一一世紀のペルシャの詩人オマル・ハイヤームが著した『ルバイヤート』もあったという。表紙に宝石をちりばめた豪華な装丁で、ニューヨークに送られる途中だった。

海に沈む財宝伝説は数え上げればキリがないが、その大きな特徴は「故意に沈めた」ケースが少ないという点だ。戦時中に撃沈されたり、海難事故で不慮の沈没を遂げたり、嵐で難破したりというケースが多い。むしろロンメル財宝伝説のように、意図的に隠したケースは少ない。確かに、いずれ引き揚げる労力を考えれば、広大な海は「割に合わない」場所なのは間違いないだろう。

湖や海の厄介な点は、隠す時も探す時も、常に命の危険が付きまとうことだ。小さなトプリッツ湖でさえ、死亡事故が起きている。財宝と共に沈んだ船には、そもそも不慮の事故死を遂げた人々も多く眠っていることになり、水中という隠し場所にはどこか不吉なイメージが付いて回る。

一方、「陸上」はバラエティに富んでいる。「琥珀の間」伝説のように、例えば鉱山が挙げられる。ドイツ東部ドイチュノイドルフの鉱山は「スイスチーズのように穴だらけ」と評されるように、何かを隠すには便利な場所だった。ヨナス谷の坑道も終戦間際に突貫工事で掘られた場所だが、いずれにせよ鉱山や坑道は、モノを隠すにはうってつけの要塞として機能する。

さらに陸上の典型的な隠し場所としては「墓」もある。古代エジプトでは王家の墓に多くの装飾品も埋められたが、墓に財宝を詰め込む文化は各地に残る。秦の始皇帝を始め、中国の皇帝の陵墓にも多くの副葬品が埋められた。日本の邪馬台国論争も、それが卑弥呼の墓かどうかを判断する根拠として、墓から何が発見されるかもポイントの一つになっている。

ウィーンへの復讐心

ナチスの財宝伝説を考える上で、オーストリアという国は本国ドイツと同様の重要性を有している。それはヒトラーの生まれ故郷という歴史的事実を抜きには語れない。

もともと画家志望だったヒトラーは一九三八年のオーストリア併合後、一つの計画に熱中する。それは、自身が少年時代を過ごしたオーストリア北部リンツに壮大な美術館を造るという構想だ。この考えは、ナチスが美術品を各地から集める動機の一つとなる。この辺りの事情に詳しいのがドイツの美術史家ハンス・クリスチャン・レーア博士（五三歳）だ。博士は、ヒトラーがリンツを「文化首都」にすべく美術品収集や劇場建設を計画した経緯を調査している。

「ヒトラーがリンツにこだわった理由として、やはりウィーンへの対抗心があります。ウィーンへの復讐と言ってもいいでしょう」

ヒトラーには、ウィーンへの屈折した思いがあったという。ヒトラーは青年時代、ウィーンにある芸術の最高教育機関・造形美術アカデミー（Akademie der bildenden Künste Wien）への入試に二度も失敗し、一時は浮浪者同然の生活を送る。多感な青春期に、自分を受け入れず、苦しめたハプスブルク帝国の都ウィーンをヒトラーは終生憎んだ。その帝都への復讐を、ヒトラーは自らの権力を使って果たそうとした。その手段が「美術」という側面だったことが、財宝略奪の背景の一つになっている。

税関職員だったヒトラーの父親はもともと、息子を自分のような役人にしようと思っていたらしい。だがヒトラーは画家志望を曲げず、一九〇七年秋、受験のためウィーンを訪れる。だが一八歳のヒトラーはここで、絵画よりも建築に惹かれる自分に気付く。

絵の勉強のために帝国博物館の絵画室を見に行っても、目はほとんど博物館の外観そのものに釘付けになってしまう。

「毎日、朝早くから夜遅くまで、名所から名所へと走りまわったが、何はさておきわたしをひきつけたのは、いつも建物ばかりだった」（『わが闘争』）

ヒトラーは何時間もオペラ座の前に立ち、何時間も議事堂に目を見張った。こうした華麗な建物が集まるウィーン中心部の環状道路（Ringstraße）を、「千一夜物語の魔法のよう」と描写し、当時の興奮状態を記している。

一九〇七年一〇月に行われた造形美術アカデミーの入学試験は、テーマごとのグループに分かれ、簡単なデッサンを描くことだった。テーマは「楽園からの追放」「狩り」「春」「建設労働者」「死」「雨」などで、一次試験は突破したものの、最終試験で落とされた。一一三人の受験者のうち、最終的な合格者は二八人。倍率四倍の狭き門で、ヒトラーはその門を突破できなかった。

入試に失敗し、リンツに帰ったヒトラーを待ち受けていたのは、母親クララの死だった。一三歳で父を亡くしたヒトラーはいわゆる「母っ子」だった。一九〇七年一二月、が んで母が死亡した時のヒトラーの様子を、医師のブロッホは後にこう回想している。

「アドルフは母のベッドの横に座っていた。一睡もしていない彼の顔は憔悴しきっていた。母の最期をとどめるため、彼は母の臨終の床をスケッチしていた」

医師として多くの患者や家族を見てきたが、この時のアドルフ・ヒトラーほど「打ちのめされた若者」を見たことがないと、後にブロッホ医師は語っている。それほどヒトラーは母を愛していた。父は画家になる夢に理解がなかったが、母クララは常にヒトラーの画才を信じ、応援してくれていた。

ちなみにこのブロッホ医師はユダヤ系だったが、ヒトラーは最後まで母の治療をしてくれたことに恩義を感じていたらしい。後のナチスによるオーストリア併合後、激化するユダヤ人迫害の嵐の中でも、ヒトラーはリンツに居住し続けたブロッホ医師を特別に保護している。だがやはり居心地の悪さを感じたのだろう。ブロッホ医師は一九四〇年、米国に亡命し、ドイツ降伏直後の四五年六月、ニューヨークで世を去った。

「自分の生涯のいちばんあわれな時代」

さて、受験に失敗し、最愛の母も失った一八歳のヒトラーは、画家になる夢をどうしてもあきらめ切れず、翌年も再び造形美術アカデミーを受験するが、やはり不合格となる。この時、ヒトラーは教授たちから建築の才能を指摘されるが、建築方面の進学に必要な実科学校の卒業資格を取っていなかったため、結局は上級学校への道をあきらめることになる。

ヒトラーがバイエルン地方の田園風景を描いたとされる絵画（制作年不明）

「ヒトラーは、人間のポートレートを描くのが苦手でした。それが合格できなかった最大の理由とみられています。彼がむしろ建物、それも建築学的に面白い建造物を描くことに興味を持っていたのは確かです」

レーア博士はそう説明する。

第二次大戦後、こうしたヒトラーの美術的才能について客観的に評価することが難しい時代が続いた。レーア博士によると、ヒトラーをとにかく「悪魔化」してしまうことが続いた戦後社会の空気の中で、等身大の人物像を探究する作業は困難だったという。確かにヒトラーには絵の才能は乏しかったかもしれない。だが公平に見て、彼には一定の審美眼が備わっていた。このこと自体は確かだというのが現在の見方だという。

「彼には、視覚的な資質は確かにありました。良いものを見る力は備わっていた人物です」

だが、高等教育を受けることができなかったヒトラーにとって、夢破れたウィーンでの生活はみじめなものだった。唯一の友で、同居人だったアウグスト・クビツェクはヒトラーと対照的に音楽学校への入試に合格し、やがて二人は別々に住むようになる。ヒトラーはその後、浮浪者収容施設や日雇い労働者用の宿泊所などを転々とし、文字通りの路上生活も経験した。ヒトラーは、ウィーンを憎んだ。この街を「自分の生涯のいちばんあわれな時代を、まざまざと思いださせるだけである」（『わが闘争』）と記している。

ブリギッテ・ハマンの『ヒトラーのウィーン』"Hitlers Wien"によれば、それでも一九一〇年ごろにはどうにか絵描きとして自活できるようにはなったらしい。ヒトラーはポストカード、宣伝用看板、ウィーンの観光名所の絵などを描き、画商ハニッシュと組んで作品を売っていた。だがやがて、このハニッシュとも仲違いした。ビルギット・シュヴァルツの『天才幻想　ヒトラーと芸術』"Geniewahn: Hitler und die Kunst"によると、建築家で都市計画プランナーのマックス・ファビアーニは一九一二年、ヒトラーを三ヵ月以上、自身の事務所で雇用したという。だが能力不足ややる気のなさが次第に露見し、ヒトラーは結局、解雇されている。

魔都に集った青春

ヒトラーのウィーン時代は一〇代後半から二〇代前半という最も多感な時期だった。そして当時のウィーンは、いわば「魔都」だった。一九一〇年当時のオーストリア帝国の人口は五〇〇〇万人で、欧州ではドイツ帝国の六五〇〇万人に次ぐ大国だった。その首都としてウィーンの人口は二〇〇万を擁していたが、このうちユダヤ人は一七万人超とほぼ一割に上っていた。

ヒトラーは当初、ユダヤ人に意外なほど同情的だった。実際に、反ユダヤ主義を掲げるウィーンの新聞の論調を「大民族の文化的伝統に値しないように思っていた」（『わが闘争』）と批判しており、中世のユダヤ人迫害などを思い出すと気が滅入るとまで述べている。

その思想が「反ユダヤ主義」に傾き始めた時期については諸説ある。だが青年ヒトラーの目に映ったウィーンは、既にユダヤ人に支配された都市だった。知的エリート階層に人材を輩出する一方、犯罪に走る貧困層も多く、ユダヤ人とそれ以外の人々には常に一定の緊張感があった。こうした中でヒトラーは、徐々に反ユダヤ主義を意識し始めたとみられる。

『わが闘争』には、以下の記述がある。

「当時わたしは、数ヘラー支払ってわたしの生涯ではじめての反ユダヤ主義のパンフレットを買った」

この頃のウィーンはある意味で、世界史的にも興味深い時期にあたる。

第一次大戦開戦の前年にあたる一九一三年、ヒトラーはどうにか絵を売ってウィーンで自活できるようになり、メルデマン通りの独身者施設に住んでいた。

この年の一月、ポーランドのクラクフ駅からの列車がウィーン北駅に到着した。乗客の中にグルジア出身の男がいた。後のソ連指導者ヨシフ・スターリンだ。この時三三歳で、ヒトラーより一〇歳年上だ。社会主義革命を目指すボリシェヴィキの指導者レーニンの指示で、スターリンは見聞を広めるための短期留学のような形でこの大都会にやって来た。グルジアの寒村に生まれたスターリンにとって、ウィーンはまばゆいばかりの都会だったに違いない。スターリンが住んだ家は現在のシェーンブルナー・シュロス通りにあり、今も案内板が残されている。

ウィーンには、既にもう一人の大物が先に到着していた。革命家のトロツキーだ。さらに後の共産主義インターナショナル、つまりコミンテルンの指導者となるブハーリンもいた。

カフェ文化が華やいだ二〇世紀初頭のウィーン。今もヘレンガッセ一四番地に残る「カフェ・ツェントラル」は、トロツキーの行きつけだった。

革命家たちが議論を重ねたそのカフェのわずか三〇〇メートル西には、「カフェ・ラントマン」がある。ここは精神分析学者フロイトが当時通っていた店として有名だ。彼はこのカフェの近くに住んでおり、家は現在、フロイトの博物館になっている。

さらに、後にユーゴスラヴィア大統領となるチトーもこの頃、ウィーンで働いていた。クロアチア出身のチトーは、ウィーン南郊のダイムラー自動車工場で工員として勤務していた。

売れない絵描き、革命家、労働者。境遇は違うが、彼らは偶然にも同じ時期に同じ町の空気を吸っていた。これがおそらく、引力を発してやまない国際都市というものだろう。スターリンがウィーンに到着した一九一三年一月時点で、ヒトラー二三歳、スターリン三三歳、トロツキー三三歳、チトー二〇歳。

スターリンは後に権力を握った後、かつてウィーンで共に理想を語り合った同志ブハーリンを処刑し、ヒトラーと第二次大戦を戦い、戦後は同じ東側陣営の中でチトーと激しい路線対立を繰り広げる。後の二〇世紀動乱の主役たちは、ハプスブルク帝国の都で、偶然にも同じ青春の一時期を過ごしていた。ガス灯ともる雑踏の中、彼らはひそかにすれ違っていたのかもしれない。

リンツ美術館建設計画

ヒトラーは一九一三年五月、ウィーンからミュンヘンに移る。そして第一次大戦に従軍して戦功を挙げ、ドイツで権力を握った後、「ウィーンへの復讐」に着手する。それが、自身が幼少期を過ごしたオーストリア北部の都市リンツに、ウィーンに負けないフューラームゼーウム（Führermuseum／総統博物館）を建設することだった。その前段階として、ヒトラーは自分の気に食わない芸術作品やユダヤ系文化人の作品を徹底的に弾圧する。

一九三三年五月には、図書館からユダヤ人らの著書を次々と押収し、広場に集めて焼却する「焚書」まで行った。マルクス、フロイト、ハイネらユダヤ系の哲学者や文学者のみならず、ハインリヒ・マン、ケストナーら反体制的とみなされたドイツ人作家の作品も対象になった。

かつて本が焼かれたベルリンのベーベル広場には今、地面の一角に「空っぽの書庫」が埋め込まれている。ガラス越しに地下をのぞき込むと、そこには本が一冊もなく、がらんとした白い書棚が見える。焚書の過去を記憶するモニュメントだ。

この焚書に関し、今でもよく引き合いに出されるのが、不気味な「ハイネの予言」だ。詩人ハイネが一八二三年に発表した戯曲『アルマンゾル』の中にこんな一節がある。

「本を焼くような所では、最後は人間も焼くようになる」

この予言は約一〇〇年の時を経て、不幸にも的中してしまう。ドイツはやがて、アウシュヴィッツなどの強制収容所でユダヤ人を毒ガスで殺害し、文字通り「人間を焼く」ことになる。

ナチスは次々に「退廃芸術」(Entartete Kunst)を手掛ける芸術家を公職から追放した。プロイセン芸術院からは、反ナチス的だった作家トーマス・マンが退会させられた。画家も、デュッセルドルフではパウル・クレーが、ベルリンではケーテ・コルヴィッツが教職や公共機関での仕事を奪われた。一九三八年には、退廃芸術とみなされた作品を、国家が正式に没収できる法律が成立した。ほとんど「言い掛かり」のような理由で多くの絵画が次々に没収された。

三八年五月、ヒトラーにとってはかなりエポックメイキングな出来事があった。それは初のイタリア訪問だ。ホスト役のイタリアのファシスト指導者ムッソリーニの歓待を受け、異常なほど多くの時間を割いて美術館を熱心に見て回ったという。

芸術大国イタリアの美術品の数々に圧倒されたヒトラーは、ドイツにあるコレクションだけでは、とてもリンツに展示すべき作品数は足りないと痛感する。一九三九年、ヒトラーはリンツ美術館の建設責任者に、ザクセン州のドレスデン絵画館館長のハンス・ポッセを任命した。数が多くなった没収・略奪品をきちんと管理し、将来の展示用に整理・分類する専門家が必要になったのだ。

「実はヒトラーは、自らカネを支払って絵を購入したことも多いのです。強奪すれば、人々はきっと絵を隠してしまうに違いない。そんな大衆心理も彼は知っていました。ヒトラーは、暴力的に絵画を略奪してばかりいたわけではないのです」

レーア博士はそう指摘する。

リンツには、多くの美術品が運ばれることになっていた。こうした財宝の中には、北アフリカから運ばれる「ロンメル将軍の財宝」もリストアップされていたらしい。二〇〇七年一二月の独誌「シュピーゲル」によると、外相リッベントロップは一九四一年六月、リビア在住ユダヤ人が所有する絵画や金銀製品を奪う目的で、部隊を現地に派遣した。北アフリカからのこうした芸術品の数々も、リンツ美術館計画のためだったという。

財宝の「疎開」

また、ドイツがソ連から略奪した「琥珀の間」がリンツに運ばれる予定だったとの説もある。「琥珀の間」の所在について検討した一九八二年五月一四日付の旧東独秘密警察シュタージの内部文書によると、リンツ美術館研究員だったライマー博士という人物が、「琥珀の間」とリンツ美術館の関係について戦後の四六〜四七年に尋問を受けている。シュタージは文書の中で、ザクセン州政府が非常に緊密にリンツ美術館と連絡を取り合っていたことを明らかにしている。リンツ美術館計画の責任者が、ザクセン州ドレスデンの絵画館長ポッセだったからだ。なにしろザクセン州は「琥珀の間」の有力な運搬先候補地なのだ。

ヒトラーが集めた財宝の「疎開」は一九四二年から本格化する。シュタージ文書の中には、ヒトラーの側近中の側近で、官房長官兼総統秘書のマルティン・ボルマンによる四二年五月五日付の命令書もある。各地の地区責任者に宛てたもので、文面は以下だ。

「誠に遺憾ながら、ドイツ諸都市に対する空襲により、かけがえのない芸術品（油絵、版画、調度品、貴重な書類や本、建築図面など）が焼失している。このような損失を繰り返さないためにも、芸術品を爆撃や火災から守れる安全な場所に避難させなければならない。総統の命令により、大管区長官がその責任を負う。問題があれば速やかに知らせるように。総統大本営にて、一九四二年五月五日。ハイル・ヒトラー！　マルティン・ボルマン記す」

こうして多くの芸術品が疎開したが、避難先として注目されたのがトプリッツ湖などのあるオーストリアのザルツカンマーグート地方だった。リンツからも近く、交通上の利点も大きい。

中でも疎開に適した場所とされたのが、岩塩坑のある小村アルトアウスゼーだった。オーストリアの文化財保護研究所所長のザイバール博士は一九四三年夏、この岩塩坑を絶好の隠し場所として選定した。適度に人里離れた場所にあり、湿度も温度も一定で美術品の保管に適しているのが理由だ。

リンツの美術館建設は進められていた。それと並行し、将来リンツに飾られるべき絵画や彫刻が、大量にアルトアウスゼーの坑道に運び込まれた。ナチスによる略奪後、ドイツのノイシュヴァンシュタイン城に保管されていたファン・アイク兄弟の『ゲントの祭壇画』もやって来た。ベルギーのブリュージュで奪われたミケランジェロの『聖母子像』も船で輸送されてきた。

一九四五年五月のドイツ降伏後、米軍はアルトアウスゼーの坑道に隠された美術品を全て数え上げた。六五七七点の油彩、二三〇〇点の素描または水彩、九五四点の版画、一三七点の彫刻、一二九点の武具、七九個の物品入りの籠、四八四点の公文書とみられるものが入ったケース、七八点の家具、一二二点のタペストリー、一八一箱分の書籍、その他大量のケースがあった。

その中で、ヒトラーがこよなく愛した絵画がある。ヨハネス・フェルメール（一六三二～七五）の『天文学者』（オランダ語で'De astronoom'）だ。

フェルメールに固執したヒトラー

フェルメールは、一七世紀のオランダが生んだ天才画家だ。作品は主に「室内」が舞台となっており、日常の一瞬が寡黙に切り取られている。

フェルメールは日本でも人気の高い画家だ。西洋美術を鑑賞する場合、どうしてもキリスト教やギリシャ神話に関する一定の知識が必要になる場合が多いが、フェルメールが描いたのは、一七世紀オランダに花開いた近代市民社会に生きる人々の日常生活の一場面だ。牛乳を瓶に注いだり、手紙を読んだり、首飾りを付けたりという何気ない風景。そこには、西洋文化になじみがなくても絵の世界に入っていける安心感がある。現存するフェルメールの作品数は研究者によって諸説あるが、三十数点しか確認されていない。

私が特派員として過ごしたベルリンにも、フェルメール作品がある。中心部ポツダム広場近くの「文化フォーラム」絵画館には、『紳士とワインを飲む女』『真珠の首飾りの女』の二点が収蔵されている。いつ訪れても、この絵の周りには日本人がおり、改めて根強いフェルメール人気を思い知らされる。名前は似ているが、ベルリンの『真珠の首飾りの女』は、オランダ・ハーグにある有名な『真珠の耳飾りの少女』とは違う作品だ。

欧州各地に一族が散らばるユダヤ系の大富豪ロートシルト家（英語名ロスチャイルド、フランス語名ロチルド）は、問題の『天文学者』を所有していた。ナチスはこれを見逃さず、一九四〇年にパリで押収した。ヒトラーは、なんとしてもこの作品をリンツの美術館に展示したかったらしい。

ヒトラーが好んだ画家としてはフェルメールの他に、寒々しい孤島をモチーフにした有名な『死の島』で知られるスイスの画家ベックリンや、ドイツ・ロマン派の代表的画家フォイエルバッハが挙げられる。ビスマルクの肖像画で知られるレンバッハもお気に入りだったらしい。

「フェルメールがヒトラーにとって、それほど好きな画家だったとは言えないかもしれません。しかしフェルメールは作品数が少ないため、所有すること自体に価値があったのです」

レーア博士によると、ヒトラーよりむしろ部下のゲーリングの方がフェルメールを気に入っていたという。ゲーリングの美術品収集も有名で、ベルリン北郊の邸宅に、数多くの絵画を運び込んでいた。この中に、オランダの画商メーヘレンから入手したフェルメールの『キリストと姦婦』もあった。だがこれは戦後、贋作だと分かり、メーヘレンはナチス高官をだました痛快な男として有名になる。

ヒトラーが好んだ『天文学者』はフェルメールの他の絵画同様にサイズは小さく、縦五一センチ、横四五センチの作品だ。一六六八年ごろに描かれたとみられており、やはり舞台は室内だ。天文学者が右手で天球儀に触れ、じっと観察をしているような構図だが、天球儀を回そうとしているようにも見える。

窓から差し込む光が、天球儀の左半分を照らしている。天文学者は、袖から下が伸びたゆったりしたガウンを着ており、一瞬、日本の着物のようにも見える。絵からは、学者の好奇心が力強さとなって伝わってくる。この空気はきっと、商業市民社会が勃興した一七世紀オランダの勢いとも無関係ではないはずだ。

ヒトラーは大戦末期の一九四五年一月以降、ベルリンの総統地下壕で執務を取るようになっていた。やがて、リンツ美術館の建築模型がヒトラーの手元に届く。既に敗色濃厚となり、破滅への道を歩み始めていた独裁者は、地下壕にこもり切りになっていた。そして、ドナウ河畔に建つはずの夢の美術館の小さな模型と、『天文学者』の絵の写真をずっと眺めていたという。

ナチス略奪美術品の運命

ドイツの劣勢が明らかになってきた一九四四年八月の時点で、ヒトラーはドイツ軍に対し、撤退時にはすべての軍事施設や文書館、交通機関を破壊し、敵には何も残さないよう指示していた。一方、四五年四月に自殺する直前、唯一「残すべきもの」を挙げている。それが、リンツに運ぶはずの美術品の数々だった。

四五年四月二八日から二九日にかけての深夜、ヒトラーは身を隠していたベルリンの地下壕で秘書のトラウドル・ユンゲにペンと紙を持ってくるよう命じ、遺書を書き取らせている。

降伏の屈辱を免れるために死を選ぶこと、自身の所有物はナチス党に帰属することなどを記している。そして、絵画コレクションの処理については以下のように書き残した。

「長年にわたって私が購入したコレクションの絵画は、私的な目的で集めたものではなく、故郷のドナウ河畔リンツの美術館のためだけに集めた。この遺贈が滞りなく行われることを心から望む」

ヒトラーは四月三〇日に自殺するが、最後の最後まで、リンツの美術館にこだわっていた。コレクションについては、少なくとも破壊は望んでいなかった意思が遺書からは読み取れる。

だが、まさに国家崩壊のどさくさに、トップのこうした意思が末端まで届くはずはない。オーストリアのアルトアウスゼー地方を管轄するオーバードナウ大管区長官アイグルーバーは、前年に命じられたヒトラーの「すべて破壊しろ」との指示を忠実に守ろうとしており、敗戦間際にはアルトアウスゼーの岩塩坑に保管されている美術品を、全て焼き尽くそうと考えていた。リン・H・ニコラスの『ヨーロッパの略奪』(高橋早苗訳、白水社)によれば、アイグルーバーは、こうした美術品をソ連の共産主義者やユダヤ民族に絶対に渡してはならないと考えていたという。

アイグルーバーは坑道の中に爆弾を配置した。だが岩塩坑の現場で働いていた心ある職員たちは、なんとか美術品の爆破を阻止しようと考え、この頃ベルリンを脱出してアルトアウスゼー湖畔に移ってきたナチス国家保安本部長官のカルテンブルンナーに相談した。彼はこの願いを聞き入れ、岩塩坑から爆弾を撤去するよう指示した。

こうしてヒトラーの自殺から五日後、ドイツ降伏の三日前という間一髪のタイミングの一九四五年五月五日、坑道から爆弾は撤去され、中にある美術品は破壊を免れた。ちょうどこの頃、この岩塩坑からわずか四キロ東のグルントル湖畔では、イダ・ヴァイセンバッハが荷馬車を引かされ、謎の木箱がトプリッツ湖に沈められていた。

カルテンブルンナーは、逃走資金として多くの金塊を湖水地方に持ってきた人物だ。彼がどのような意図を持って、爆弾撤去を命じたのかは分からない。だが、爆破を防ぐようカルテンブルンナーを説得したのは自分だ、という人物が戦後、数多く名乗り出た。諸説あるが、ロバート・M・エドゼルは『ナチ略奪美術品を救え　特殊部隊「モニュメンツ・メン」の戦争』(高儀進訳、白水社)の中で、岩塩坑の監督者だったペーヒミュラー博士と岩塩坑職長のヘーグラーの二人を、破壊から救った「真の英雄」と記している。

二〇一四年公開の米国映画『ミケランジェロ・プロジェクト』は、ナチスの魔の手から美術品を救った連合国軍の「英雄」たちの姿を描いた作品で、実際に起きたこのような救出劇を描いている。当時、アルトアウスゼーの他、前述のノイシュヴァンシュタイン城や、テューリンゲン州のメルカース岩塩坑など、各地で同様の救出作戦が展開されていた。

カルテンブルンナーはその数日後、米軍に逮捕された。彼は身に着けていた勲章の数々を湖に投げ捨て、別人に成りすましていたが、愛人だった女性がある町で偶然彼を見つけ、名前を呼んでしまったので、正体が露見してしまったと言われている。一九四六年一〇月、彼はニュルンベルク裁判で死刑判決を受け、絞首刑となった。

第三帝国は崩壊した。独裁者の故郷オーストリアは連合国による占領を経て、一九五五年に主権を取り戻した。

岩塩坑で間一髪、破壊を免れたフェルメールの『天文学者』は今、パリのルーブル美術館に所蔵されている。

そして数多くのトレジャー・ハンターが訪れたオーストリア湖水地方の湖は、今も静かに水をたたえている。

一九三八年の「見て見ぬふり」

財宝伝説を追いながら、本章ではヒトラーの青春期を含む人生も駆け足で振り返ってみた。そしてこの取材の過程で、私はしばらく忘れていたある出来事を思い出した。

二〇〇九年一二月、私はポーランド南部のオシフィエンチム、ドイツ名「アウシュヴィッツ」強制収容所跡地を旅行で訪れた。第二次大戦中、ユダヤ人やロマ、その他政治犯らが収容され、計一五〇万人が殺害された一大殺人施設だ。収容者から刈り取った髪の毛、ガス室に送る前に取り上げた義足、靴など、直視するのがつらくなるような数々の遺品が当時のまま展示されている。私を含め、ドイツ人や英国人など計七人の観光客を半日ほど案内してくれたポーランド人のガイドの男性が最後の別れ際、私たちにこう問いかけた。

「皆さんは、第二次大戦が何年に始まったかご存知ですか?」

一九三九年九月、ドイツによるポーランド侵攻で始まった。誰かがそう答えた。

「その通りです。歴史の授業ではその答えで正解です。でも私は、あの戦争は一九三八年に始まったと考えています」

ガイドの男性は続けた。

「戦争は、準備段階から始まっているものです。一九三八年、ヒトラーはオーストリアを併合し、チェコ西部ズデーテン地方も獲得しました。この時、国際社会はヒトラーに譲歩し、見て見ぬふりをしたため、ヒトラーは勢いづき、翌年のポーランド侵攻をためらわなくなったのです。既に前年から、第二次大戦はスタートしていたのです。アウシュヴィッツの惨状をなぜ止められなかったのか。私は学者でも研究者でもないただのガイドですが、長年ここで皆さんのようなツーリストを案内しながら、ずっとそんなことを考えてきました。現在の世界も同じです。今こうしている間にも、ひそかに戦争への準備をしている者が必ずいます。そういう人物や国家に対し、見て見ぬふりをしないこと。それこそが第二のヒトラーを生まないため、私たちがあの戦争から得た教訓だと思います」

一二月の寒風吹きすさぶ収容所の門の近くで、バスに乗る直前、ガイドは一気にそう話した。ガイドという職業にしてはあまり愛想のない、比較的無口な男性が別れ際に披露したこの「ミニ演説」には、他の六人のツアー客も妙に心を揺さぶられたのだろう。皆その言葉に耳を傾け、深くうなずいていたことをよく覚えている。

一九三八年は、もちろん「開戦」の年ではない。だがこの年こそまさにヒトラーがウィーンに入城し、故郷オーストリアのドイツ帝国への併合を成し遂げた年だ。後に「最も苦しい人生の学校だった」と回想した都ウィーンを我が物にし、どれほど彼は自身の成功に酔いしれただろう。ヒトラーは一九三八年三月のウィーン入城後、ハプスブルク王朝時代の王宮バルコニーで演説し、大歓声の市民を熱狂させた。そのすぐ近くには、かつて芸術家になることを夢見た若き日々、飽きずに何時間も見とれていた国会議事堂の建物があった。自分を二度も落とした造形美術アカデミーも、環状道路を挟んだ近い場所に建っていた。かつて青春期に自分を苦しめたウィーン。この町に自分は「凱旋」を果たした。そんな思いが彼の脳裏に去来したことは想像に難くない。そしてこの後、ヒトラーは侵略戦争に突き進んでいく。

ヒトラーにとって、故郷オーストリアへの思いは複雑だった。レーア博士ら専門家が指摘するように、美術館建設計画がウィーンへの「復讐」だったとしても、その町にベルリンやミュンヘンなど自身が独裁者として統治するドイツ本国の都市ではなく、あえて幼少期を過ごしたリンツを選んだ。そこには故郷に対する息苦しいほどの「愛憎」が見て取れる。

私は本書の執筆に取り掛かるまで、アウシュヴィッツのガイドが話してくれたこの「一九三八年」の話を実はすっかり忘れていた。だがヒトラーとオーストリアの関係を調べる過程でふとガイドの言葉がよみがえると同時に、本書のテーマである財宝伝説も、この年に本格化したのかもしれないと思うようになった。

ヒトラーはオーストリア併合の二ヵ月後の一九三八年五月、イタリアを訪問する。前述のように彼は美術館を熱心に見て回ったが、特に感銘を受けたのはフィレンツェだった。

ウフィツィ美術館でヒトラーは四時間も過ごし、絵画に興味のないムッソリーニは「全部見るつもりか」といまいましげにつぶやいたという。案内人の職員は、ヒトラーが名画を欲しがってしまう事態を恐れ、とにかくヒトラーを立ち止まらせないように先を急がせたらしい。

そしてローマのボルゲーゼ美術館を去る時、ヒトラーはこう言ったという。

「もし私が普通の一個人だったら、ここに数週間いたいくらいだ。私は時々、政治家になったことを残念に思うよ」

やがて、ヒトラーの野望は潰えた。「琥珀の間」やロンメルの財宝、そしてナチス残党が逃げ延びる資金源となった可能性もある財宝の数々も、結局、リンツに来ることもなく、そっと姿を消した。

こうした物語を本書では駆け足で紹介してきたが、これは人類が生んだ史上類を見ない組織的な犯罪者集団、国家社会主義ドイツ労働者党、通称ナチスが行った略奪劇のほんの一部にすぎない。米国の下院財政委員会が二〇〇〇年に「今なお行方不明」とはじき出した絵画、彫刻、タペストリー、その他のナチス略奪美術品は約一〇万点。それらは再び、私たちの目の前に姿を現す日が来るのだろうか。行方不明の「ナチスの財宝」はきっと、今もどこかで眠り続けている。

エピローグ

溺れ死にかけた少年ヒトラー

ドイツ南東部に位置する人口約五万の小都市パッサウには、一つの言い伝えがある。

「ヒトラーはこの町で、命を落としかけた」

といっても、暗殺未遂にあったわけではない。彼がまだ、世界の誰もが知る「あのヒトラー」になるずっと前、四歳の頃の話だ。

オーストリアと国境を接するパッサウは、豊かな川の流れの只中にある風情のある町だ。ドナウ川、イン川、イルツ川の三つの川がここで合流する。ドナウはこの町を過ぎて徐々に大河となり、黒海に注いでいく。

一八九四年一月、結氷したイン川に、当時四歳だった少年が落ちてしまった。その時、一緒に遊んでいた友人のヨハン・キューベルガーは凍てつく川に入り、この少年を助けた。命を救われたこの少年こそ、やがて六〇〇万人のユダヤ人虐殺に手を染めるナチス総統ヒトラーだったという説だ。

後にキューベルガーは牧師となる。一九五七年に死去するまで、自身が少年の命を救った行為については口を閉ざしていた。だが牧師の後輩であるマックス・トレメルには、このことを話していた。トレメルは自身の死の直前の一九八〇年、こう明かした。

「私の先輩キューベルガーは、かつてヒトラーの命を救ったことがあると話していた」

ヒトラーは生前、自身が幼少時に溺れた経験を書き残したり、他人に話したりしたことはなかった。このため、この話が歴史的事実として確認されているわけではない。

ヒトラーとみられる少年が溺れ、救助されたイン川の現場付近＝2014 年 12 月、著者撮影

唯一残された貴重な資料が、パッサウ市公文書館に残っている。一八九四年一月七日に起きた「水の事故」についての記事だ。

「これが、その記事です」

公文書がずらりと並んだ棚から、職員の女性が一冊の分厚い新聞の縮刷版を持ってきてくれた。ページ番号は振られていないが、ざっと数えてみてゆうに五〇〇ページを超える。セピア色に変色し、古紙特有の乾いたにおいがする。地元紙「ドナウ新聞」の縮刷版で、背表紙に「一八九四年一月」と書いてある。

彼女が指し示したのは、一月九日付の短い記事だった。

俗に亀の子文字、ひげ文字などと呼ばれるドイツ語の古い装飾体で印刷されている。戦前の資料にはよくこの文字が出てくるが、決して読みやすくはない。多くの短い記事がギュウギュウ詰めに並んでおり、写真もない。現代の感覚からすると、ずいぶん味気ない気もするが、商品広告はたくさん載っている。

「新しいピアノも中古ピアノも売ります」

「痛風や霜焼けに適した靴あります。保証付き」

「最高級で最安値のマットレスあります」

そんな数々の文面を見ると、当時のパッサウは比較的生活に余裕のある層が多かった様子がうかがえる。

目当ての記事は、わずか八行。いわゆる日本のベタ記事のような短さだ。それは以下の内容だった。

「パッサウ、一月九日。ドナウ新聞は以下の短信情報を入手した。前の日曜日、男の子が溺死寸前に救助された。男の子は、イン川に最近張った氷の上に足を踏み入れたところ、氷が割れ、水中に落ちてしまった。幸いなことに、男の子は勇敢な友人に助けられた」

記事中には、「溺れた少年」と「助けた少年」の名前が記されていない。

「ヒトラーがこの町で溺れかかったという話は、地元の人なら一度は聞いたことがある有名な話です。歴史研究者も時々、文献を調べにやってきます。でも結局、今となっては証明できる資料がなく、学術的な裏付けは難しいのが現状です」。職員はそう説明する。

地元紙「パッサウアー・ヴォッヘ」の一九九五年五月一〇日付記事によると、この話を生前のキューベルガー牧師本人から聞いたという女性の証言が載っており、「この話は千パーセント確かです」と自信を持って語っている。この女性の家族はキューベルガー牧師と親しく、子供の時にこの話を聞いたという。

幼少期のヒトラーの家があったとされるパッサウの通り＝2014年12月、著者撮影

「牧師はヒトラーを助けたことを後悔していないと言っていました。でももしあの時、現場にいなかったら、数百万人が死ぬことはなかったのだろうか、そんな風に深く考え込んでいました」
記事中、女性はそう述懐している。
ヒトラー一家が当時、パッサウに住んでいたのは事実だ。税関職員だった父アロイスの転勤で、一家はオーストリアから転居してきた。公文書館に頼み、当時の住民台帳を取り寄せてもらった。「男性用の住民リスト」と記された書類の左上に「アロイス・ヒトラー、一八三七年六月七日生まれ。宗教・カトリック、出生地・シュトローネス、職業・税関職員」と父親の個人データが記入され、家族欄にはヒトラーを含む四人の子供の名前と、妻の旧姓ペッツルの名もある。

パッサウに移った日付は、一八九二年八月一日と登録されている。最初に住んだのはテレジエン通り二三番地だったが、翌一八九三年五月一日に、カプツィーナー通り三一番地に移っている。ここが「川で溺れかけた」事件があった時の住所だが、ここはまさにイン川のほとりだ。

この通りは戦時中、ヒトラーの母の名前にちなみ、「クララ・ヒトラー通り」に改称されたが、戦後は元のカプツィーナー通りに戻っている。ヒトラー一家が住んでいた住所は今、石造りの門が備わった集合住宅になっており、当時をしのばせるものは何も残っていない。歴史上の人物の居住跡によく見かける案内板の類もなかった。このことを公文書館職員に聞くと、とんでもない、とでもいうように大きく手を振った。町の人にとって、ヒトラーは思い出したくない人物で、案内板設置などあり得ないという。通りの近くからは、豊かなイン川の川面が見渡せた。

ヒトラーを救ったキューベルガーもすぐ近くに住んでおり、よく一緒に遊んでいたらしい。キューベルガーが救った少年の名は「アディ」というニックネームだったという。これはまさに「アドルフ」の愛称でもある。

もちろんヒトラーではなく別の少年だったかもしれない。キューベルガーの記憶違いかもしれない。確かな証拠はないが、仮にこの少年が本当にヒトラーだったとしたら、もし溺れて命を落としていたら、もしキューベルガーが彼を救えなかったら……。

「もし」が実現していたら、ナチスという巨大組織は生まれなかったのか。六〇〇万人のユダヤ人は死なずに済んだのだろうか。歴史に「もし」はない。それは百も承知で、仮定の話は無意味と分かっていても、どうしても後味の悪いそのような想像をしてしまう。

私は後世に生きる者として、この四歳の少年の末路を知っているからこそ、そのような想像をすることができる。だが同時代に生きていれば、誰が四歳の子供の不幸を願うことなどできよう。私も幼い子を持つ身だ。私の想像は、やはり不謹慎なことなのか。

静かな公文書館で、隣室の職員がガサゴソと書類を本棚から降ろす音だけが聞こえる。人の気配のない閲覧室で、私はしばしその新聞記事から目を離すことができなかった。

どこで悪魔になってしまったのか

私がパッサウの公文書館を訪れたのは、二〇一四年一二月初旬。毎日新聞社ベルリン特派員としての任期がほぼ終わりに近付いた頃だ。人事異動で、おそらく翌年の春には日本に帰任することがほぼ分かっていた。その前にどうしても一度、この町に降り立ち、ヒトラーの人生の謎の断面に思いを馳せてみたかった。

一二月のドイツは、ヴァイナハツ・マルクト（クリスマス・マーケット）の季節だ。パッサウの町でもアツアツのソーセージをはさんだパンや、グリューヴァインと呼ばれる甘いホットワインを出す屋台が店を構え、実に楽しそうな笑い声が夕暮れの空に響く。

私は、日が落ちかけたイン川のほとりまで歩いた。川岸のよく整備された歩道を、若いお母さんがベビーカーを押しながら歩いていくのが見えた。かつてこの歩道の辺りを、あの子供のように幼き「アディ」もよちよちと歩いたのだろうか。

ヒトラーが溺れかけ、助かった日の晩、両親はどんなに安堵しただろう。我が子を抱きしめ、その小さな命を慈しんだに違いない。

そこまで考えて、突如私はケルンでマーク・ベネッケ博士から見せてもらったパソコン画面上のヒトラーの頭蓋骨を思い出し、やり切れない気持ちになった。二一世紀に生きる私たちは、彼がその後、戦慄すべき怪物に変身し、欧州を焦土と化した後、自ら拳銃自殺することを知っている。そして、頭蓋骨上部に弾丸の跡が空いた自身の遺骸を、後世にさらす末路までも知っている。この姿が、私が公文書館で読んだ八行の記事に出てくる「クナーベ（Knabe／男の子）」の行く末だったのか。ソ連軍が迫る総統地下壕の中で拳銃自殺をする時、彼は一瞬でも、幼き頃に自らの命を慈しんでくれた友人や両親を思い出しただろうか。彼はどこで悪魔になってしまったのか。

第二次大戦期から東西冷戦期までドイツを代表するジャーナリストとして活躍したセバスチャン・ハフナーは、著書『ヒトラーとは何か』(赤羽龍夫訳、草思社)の中で、こう記している。

「ヒトラーの一生は一八八九年四月二〇日に始まり、一九四五年四月三〇日に終わる。したがってほぼ正確に五六年の生涯であり、通常の人の一生より短い。そして、最初の三〇年と続く二六年とのあいだに、説明しがたい深い断層があるようにみえる。三〇年間、あやしげな役立たずの不能者であり、それからほとんど間をおかずに地方政治の有力者となり、最後には世界政治のすべてがその周りをめぐるような人物となる。これはいったいどういうことなのだろうか」

確かにヒトラーの生涯を振り返る時、前半と後半でその人生には驚くほどの断絶が見て取れる。この辺りがどうしても分からない。分からないことだらけ、矛盾だらけなのが、このヒトラーという男の人生なのだ。パッサウのエピソードは、その謎の一つだ。

ナチスの財宝伝説の取材は、ヒトラーとその一味が追い求めた欲望の足跡をたどることでもあった。財宝の行方は、その多くが今なお闇の中にある。

戦後、数え切れないほどの学者、政治家、ジャーナリスト、秘密警察、トレジャー・ハンター、ユダヤ人団体関係者らがその痕跡を探し続けてきた。動機として純粋な学術的関心もあれば、功名心や金銭欲というギラついた欲望もあった。その軌跡を追う過程で、宝を追う者、戦犯を追う者、追跡から逃げる者たちの執念に、時に戦慄を覚えることもあった。取材で人に会い、話を聞き、資料を読んだ後、私はいわば「食あたり」のようにナチスを巡る人々の怨念や情念、妖気といった毒気のようなものに、「あたってしまう」のをよく感じた。取材から戻り、出張先の宿の部屋でしばし呆然としてしまい、動けなくなってしまうことも度々あった。

二〇世紀に登場した巨大な犯罪者集団ナチス。その闇に引き込まれた人々は、まるで亡霊に取り憑かれたかのように、夢中でその謎に今も挑み続けている。

戦後七〇年。財宝を巡る男たちの数奇な戦後史は、まだ続いている。

本書を執筆できたのは、一にも二にも、取材に協力してくれた多くの人々のおかげだ。ドイツ史の専門家でもない一記者が、わずか数年の外国滞在で調査できる事柄などたかが知れている。だが関係者の方々が労をいとわず私のインタビューに応じてくれたり、時には貴重な資料を提供してくれたりしたおかげで、こうして一冊の本にまとめることができた。

私の拙いドイツ語での仕事を一生懸命サポートしてくれた毎日新聞ベルリン支局の歴代スタッフ、デニス・ハーフ、ニルス＝エリック・シュミット、印牧沙織、ジェニー・ツァイマー、ニコル・レンガーの各氏には、心から感謝している。本書は、こうした支局スタッフとの合作だと思っている。また、毎日新聞社の多くの同僚を始め、他社やフリーランスの記者の方々からも折に触れて助言を頂いた。この場を借りてお礼を申し上げたい。

そして、講談社現代新書の井本麻紀さんの明るく力強い励ましがなければ、本書が生まれることは決してなかった。井本さんには感謝してもしきれない。

最後に、共に過ごしたドイツでの四年間、常に私を支えてくれた妻と娘に、改めて深く感謝したい。

二〇一五年五月　初夏の青森にて

篠田航一

参考文献（主要なものにかぎる）

ドイツ語文献

Mark Benecke, Lydia Benecke, *Aus der Dunkelkammer des Bösen*, Bastei Lübbe, 2011

Wolfdieter Bihl, *Der Tod Adolf Hitlers*, Böhlau, 2000

Ulrich Brunzel, *Hitlers Geheimobjekte in Thüringen*, Heinrich-Jung-Verlagsgesellschaft, 2009

Martin Cüppers, *Walther Rauff — in deutschen Diensten: Vom Naziverbrecher zum BND-Spion*, WBG, 2013

Paul Enke, *Bernsteinzimmer-Report*, Die Wirtschaft, 1987

Karl Bernd Esser, *Hitlers Gold, Devisen und Diamanten: Die geheime Kriegsbeute der USA*, Esser, 2004

Günther Haase, *Die Kunstsammlung Adolf Hitler*, edition q, 2002

Sebastian Haffner, *Anmerkungen zu Hitler*, Fischer Taschenbuch, 1981

Sebastian Haffner, *Von Bismarck zu Hitler*, Knaur Taschenbuch, 2009

Brigitte Hamann, *Hitlers Wien*, Piper, 1998

Henry Hatt, *Ignorierte Geheimobjekte Hitlers*, Hattenhauer, 1995

Klaus F. Keppler, Karl Schmeisser, *Die Forbes*, Kollateral, 2010

Ian Kershaw, *Hitler 1889-1945*, Pantheon, 2009

Guido Knopp, *Das Bernsteinzimmer*, Hoffmann und Campe, 2003

Thomas Kuschel, *Bernsteinzimmer*, E. Reinhold' 2012

Hanns Christian Löhr, *Hitlers Linz*, Ch. Links, 2013

Klaus-Michael Mallmann, Martin Cüppers, *Halbmond und Hakenkreuz*, WBG, 2006

Edgar Mayer, Thomas Mehner, *Die Lügen der Alliierten und die deutschen Wunderwaffen*, Kopp, 2010

Dietmar B. Reimann, *Bernsteinzimmer-Komplott*, Bock & Kübler, 1997

Markus Reisner, *Unter Rommels Kommando*, Stöhr, 2012
Gerhard Remdt, Günter Wermusch, *Rätsel Jonastal*, Ch. Links, 1992
Maurice Philip Remy, *Mythos Rommel*, List, 2004
Ralf Georg Reuth, *Rommel: Das Ende einer Legende*, Piper, 2012
Gert Dieter Schmidt, *Verborgenen Schätzen auf der Spur*, Heinrich-Jung-Verlagsgesellschaft, 2014
Heinz Schneppen, *Odessa und das Vierte Reich*, Metropol, 2007
Heinz Schneppen, *Walther Rauff*, Metropol, 2011
Oliver Schröm, Andrea Röpke, *Stille Hilfe für braune Kameraden*, Ch. Links, 2001
Josef Schunder, *Manfred Rommel: Die Biografie*, Theiss, 2012
Birgit Schwarz, *Geniewahn: Hitler und die Kunst*, Böhlau, 2011
Gerald Steinacher, *Nazis auf der Flucht*, Fischer Taschenbuch, 2010
Ulrich Völklein(Hg.), *Hitlers Tod*, Steidl, 2004
Günter Wermusch, *Die Bernsteinzimmer-Saga*, Goldmann, 1992
Simon Wiesenthal, *Doch die Mörder leben*, Droemer Knaur, 1967
Simon Wiesenthal, *Recht, nicht Rache*, Ullstein, 1988
Gerhard Zauner, *Verschollene Schätze im Salzkammergut*, Leopold Stocker, 2003
Gemeindeverwaltung Deutschneudorf in Kooperation mit der Fortuna Bernstein GmbH(Hrsg.), *Das Bernsteinzimmer im Fortuna Stolln zu Deutschneudorf ?*, Marienberg, 2002

英語文献

Omar N. Bradley, *A Soldier's Story*, Modern Library, 1999
Richard Deacon, *The French Secret Service*, Grafton, 1990

Ian Fleming, *On Her Majesty's Secret Service*, Vintage, 2012
Peter Haining, *World War II Stories: The Mystery of Rommel's Gold*, Conway, 2007
John Pearson, *The Life of Ian Fleming*, The Companion Book Club, 1966

日本語文献

大澤武男『ヒトラーとユダヤ人』講談社現代新書、１９９５年
大澤武男『ヒトラーの側近たち』ちくま新書、２０１１年
大澤武男『ローマ教皇とナチス』文春新書、２００４年
川口マーン惠美『ベルリン物語』平凡社新書、２０１０年
桐生操『血ぬられた財宝』小学館文庫、２００４年
朽木ゆり子『フェルメール全点踏破の旅』集英社新書ヴィジュアル版、２００６年
重延浩『ロシアの秘宝「琥珀の間」伝説』ＮＨＫ出版、２００３年
関根伸一郎『ドイツの秘密情報機関』講談社現代新書、１９９５年
武井彩佳『ユダヤ人財産はだれのものか』白水社、２００８年
塚本哲也『エリザベート　ハプスブルク家最後の皇女』上・下、文春文庫、２００３年
柘植久慶『砂漠の狐　ロンメル将軍』ＰＨＰ文庫、２００６年
中島義道『ヒトラーのウィーン』新潮社、２０１２年
福岡伸一『フェルメール　光の王国』木楽舎、２０１１年
黄金伝説研究会編『世界ミステリー　謎をひも解く　ありかを明かす！　財宝地図』竹書房、２００６年
知的冒険倶楽部編『１０００億ドルの消えた黄金伝説』青春ＢＥＳＴ文庫、１９９７年
ジーモン・ヴィーゼンタール著、中島博訳『殺人者はそこにいる』朝日新聞社、１９６８年
ジーモン・ヴィーゼンタール著、下村由一・山本達夫訳『ナチ犯罪人を追う　Ｓ・ヴィーゼンタール回顧録』時事通信社、１９

98年
ロバート・M・エドゼル著、高儀進訳『ナチ略奪美術品を救え』白水社、2010年
レーナ・ギーファー、トーマス・ギーファー著、斉藤寿雄訳『冷戦の闇を生きたナチス』現代書館、2002年
H・R・トレヴァ゠ローパー著、橋本福夫訳『ヒトラー最期の日』筑摩叢書、1975年
リン・H・ニコラス著、高橋早苗訳『ヨーロッパの略奪』白水社、2002年
セバスチャン・ハフナー著、赤羽龍夫訳『ヒトラーとは何か』草思社、1979年
アドルフ・ヒトラー著、平野一郎・将積茂訳『わが闘争』上・下、角川文庫、1973年
フレデリック・フォーサイス著、篠原慎訳『オデッサ・ファイル』角川文庫、1980年
ローレンス・マルキン著、徳川家広訳『ヒトラー・マネー』講談社、2008年
デズモンド・ヤング著、清水政二訳『ロンメル将軍』ハヤカワ文庫、1978年
ジャニーヌ・レヌッチ著、長谷川秀樹・渥美史訳『コルシカ島』白水社文庫クセジュ、1999年

講談社現代新書　2316

ナチスの財宝《ざいほう》

二〇一五年五月二〇日第一刷発行

著　者　篠《しの》田《だ》航《こう》一《いち》

発行者　鈴木　哲
発行所　株式会社講談社
東京都文京区音羽二丁目一二―二一　郵便番号一一二―八〇〇一
電　話　〇三―五三九五―三五二一　編集（現代新書）
〇三―五三九五―四四一五　販売
〇三―五三九五―三六一五　業務
装幀者　中島英樹
印刷所　凸版印刷株式会社
製本所　株式会社大進堂
定価はカバーに表示してあります　Printed in Japan

N.D.C. 234　247p　18cm
ISBN978-4-06-288316-0

「講談社現代新書」の刊行にあたって

教養は万人が身をもって養い創造すべきものであって、一部の専門家の占有物として、ただ一方的に人々の手もとに配布され伝達されうるものではありません。

しかし、不幸にしてわが国の現状では、教養の重要な養いとなるべき書物は、ほとんど講壇からの天下りや単なる解説に終始し、知識技術を真剣に希求する青少年・学生・一般民衆の根本的な疑問や興味は、けっして十分に答えられ、解きほぐされ、手引きされることがありません。万人の内奥から発した真正の教養への芽ばえが、こうして放置され、むなしく滅びさる運命にゆだねられているのです。

このことは、中・高校だけで教育をおわる人々の成長をはばんでいるだけでなく、大学に進んだり、インテリと目されたりする人々の精神力の健康さえもむしばみ、わが国の文化の実質をまことに脆弱なものにしています。単なる博識以上の根強い思索力・判断力、および確かな技術にささえられた教養を必要とする日本の将来にとって、これは真剣に憂慮されなければならない事態であるといわなければなりません。

わたしたちの「講談社現代新書」は、この事態の克服を意図して計画されたものです。これによってわたしたちは、講壇からの天下りでもなく、単なる解説書でもない、もっぱら万人の魂に生ずる初発的かつ根本的な問題をとらえ、掘り起こし、手引きし、しかも最新の知識への展望を万人に確立させる書物を、新しく世の中に送り出したいと念願しています。

わたしたちは、創業以来民衆を対象とする啓蒙の仕事に専心してきた講談社にとって、これこそもっともふさわしい課題であり、伝統ある出版社としての義務でもあると考えているのです。

一九六四年四月　野間省一

政治・社会

1038 立志・苦学・出世――竹内洋
1145 冤罪はこうして作られる　小田中聰樹
1201 情報操作のトリック　川上和久
1365 犯罪学入門――鮎川潤
1488 日本の公安警察――青木理
1540 戦争を記憶する――藤原帰一
1742 教育と国家――高橋哲哉
1965 創価学会の研究――玉野和志
1969 若者のための政治マニュアル――山口二郎
1977 天皇陛下の全仕事――山本雅人
1978 思考停止社会――郷原信郎
1985 日米同盟の正体――孫崎享

2053 〈中東〉の考え方――酒井啓子
2059 消費税のカラクリ――斎藤貴男
2068 財政危機と社会保障――鈴木亘
2073 リスクに背を向ける日本人　山岸俊男 メアリー・C・ブリントン
2079 認知症と長寿社会――信濃毎日新聞取材班
2110 原発報道とメディア――武田徹
2112 原発社会からの離脱　宮台真司 飯田哲也
2115 国力とは何か――中野剛志
2117 未曾有と想定外――畑村洋太郎
2123 中国社会の見えない掟　加藤隆則
2130 ケインズとハイエク　松原隆一郎
2135 弱者の居場所がない社会　阿部彩
2138 超高齢社会の基礎知識　鈴木隆雄

2145 電力改革――橘川武郎
2149 不愉快な現実――孫崎享
2156 本音の沖縄問題――仲村清司
2157 冤罪と裁判――今村核
2176 JAL再建の真実――町田徹
2181 日本を滅ぼす消費税増税――菊池英博
2183 死刑と正義――森炎
2186 民法はおもしろい――池田真朗
2194 韓国のグローバル人材育成力――岩渕秀樹
2195 反教育論――泉谷閑示
2197 「反日」中国の真実――加藤隆則
2203 ビッグデータの覇者たち――海部美知

世界の言語・文化・地理

368 地図の歴史(世界篇) 織田武雄
958 英語の歴史——中尾俊夫
987 はじめての中国語——相原茂
1073 はじめてのドイツ語 福本義憲
1111 ヴェネツィア——陣内秀信
1183 はじめてのスペイン語 東谷穎人
1253 アメリカ南部 ジェームス・M・バーダマン 森本豊富 訳
1353 はじめてのラテン語 大西英文
1386 キリスト教英語の常識——石黒マリーローズ
1396 はじめてのイタリア語 郡史郎
1402 英語の名句・名言 ピーター・ミルワード 別宮貞徳 訳
1446 南イタリアへ!——陣内秀信

1701 はじめての言語学 黒田龍之助
1753 中国語はおもしろい 新井一二三
1905 甲骨文字の読み方——落合淳思
1949 見えないアメリカ——渡辺将人
1959 世界の言語入門——黒田龍之助
1991 「幽霊屋敷」の文化史 加藤耕一
1994 マンダラの謎を解く 武澤秀一
2052 なぜフランスでは子どもが増えるのか 中島さおり
2081 はじめてのポルトガル語 浜岡究
2086 英語と日本語のあいだ 菅原克也
2104 国際共通語としての英語——鳥飼玖美子
2107 野生哲学——管啓次郎 小池桂一
2108 現代中国「解体」新書——梁過

2158 一生モノの英文法——澤井康佑

日本史

369 地図の歴史(日本篇) 織田武雄
1258 身分差別社会の真実—斎藤洋一 大石慎三郎
1265 七三一部隊—常石敬一
1292 日光東照宮の謎—高藤晴俊
1322 藤原氏千年—朧谷寿
1379 白村江—遠山美都男
1394 参勤交代—山本博文
1414 謎とき日本近現代史 野島博之
1599 戦争の日本近現代史 加藤陽子
1648 天皇と日本の起源 遠山美都男
1680 鉄道ひとつばなし—原武史
1685 謎とき本能寺の変—藤田達生
1707 参謀本部と陸軍大学校 黒野耐
1797 「特攻」と日本人—保阪正康
1885 鉄道ひとつばなし2—原武史
1918 日本人はなぜキツネにだまされなくなったのか 内山節
1924 東京裁判—日暮吉延
1971 歴史と外交—東郷和彦
1982 皇軍兵士の日常生活 一ノ瀬俊也
2031 明治維新 1858-1881 坂野潤治 大野健一
2040 中世を道から読む—齋藤慎一
2051 岩崎彌太郎—伊井直行
2089 占いと中世人—菅原正子
2095 鉄道ひとつばなし3—原武史
2098 戦前昭和の社会—井上寿一
2102 宣教師ニコライとその時代—中村健之介
2106 戦国誕生—渡邊大門
2109 「神道」の虚像と実像 井上寛司
2131 池田屋事件の研究—中村武生
2152 鉄道と国家—小牟田哲彦
2154 邪馬台国をとらえなおす—大塚初重
2190 戦前日本の安全保障—川田稔
2192 江戸の小判ゲーム—山室恭子
2196 藤原道長の日常生活 倉本一宏
2202 西郷隆盛と明治維新 坂野潤治

世界史Ⅰ

世界史Ⅱ